Ellinor Schnaus

Oberflächenbehandlung
alter Möbel

Ellinor Schnaus

Oberflächen-
behandlung
alter Möbel

Otto Maier Ravensburg

Inhalt

Vorwort

Wer eine Holzoberfläche allzu oberflächlich behandelt, muß bald erkennen, daß er sein Wissen darum vertiefen muß ... Dieses Buch wendet sich an all jene Besitzer und Liebhaber alter Möbel, die wissen, daß im besonderen die oft sehr empfindlichen Holzoberflächen ihrer Sammlerstücke nur durch sorgfältige Pflege zu erhalten und nur mit Sachverstand zu restaurieren sind.

Bei den im folgenden beschriebenen Oberflächenbehandlungen geht es daher weniger um moderne Versiegelungen mit Kunststofflacken, sondern vielmehr um die Beschreibung der traditionellen, „natürlichen" Methoden bis hin zu den sehr alten Verfahren der ostasiatischen Lackierkunst und der Vergoldung. Die Autorin möchte damit das Verständnis für jene Techniken wecken, die dem Alter des jeweiligen Möbelstücks entsprechen. Wie so oft bei der Restaurierung, geht es auch bei der Oberflächenbehandlung um die Entscheidung, ob man sich der Produkte des ausgehenden 20. Jahrhunderts bedienen oder aber – aus ästhetischen und nostalgischen Gründen – auf die Rezepte und Methoden alter Handwerkskünste zurückgreifen soll. Ein sachliches Abwägen von Fall zu Fall ist dabei sicher sinnvoll.

Neben den ästhetischen Aspekten – nämlich Maserung, Farbe und Struktur hervorzuheben oder auch eine glatte, mehr oder weniger glänzende Oberfläche zu schaffen – spielt die Konservierung der alten Holzoberflächen, ihr Schutz vor klimatischen, chemischen und physikalischen Einflüssen eine wichtige Rolle. Denn Licht, Luft, Staub, Öle, Fette und Säuren bewirken im ungeschützten Holz Veränderungen, die nicht nur dem Aussehen, sondern vor allem auch der Haltbarkeit abträglich sind.

Daß sich aus der Erkenntnis, die Holzoberfläche schützen zu müssen, im Laufe der Jahrhunderte immer wieder neue, kunstvolle Techniken mit den unterschiedlichsten Materialien entwickelt haben, läßt die Oberflächenbehandlung nicht nur zu einem wichtigen, sondern auch zu einem sehr schönen Teil der Möbelrestaurierung werden.

Holz

„Holz ist Holz und soll Holz bleiben. Es hat seine guten und schlechten Seiten, aber richtig behandelt, ist es für die kleine wie für die hohe Kunst ein würdiges Material..."
In einer von Kunststoff und Synthetik geprägten Umgebung ist uns Holz als lebendiges Material in seinem vielfältigen Erscheinungsbild bis heute als natürlicher Werkstoff geblieben. Die reichhaltige Auswahl an Holzarten und Wuchsformen, eine nahezu unbegrenzte Vielfalt an Farbe, Maserung, Struktur und Festigkeit kann den Anfänger, manchmal selbst den Fachmann, allerdings verwirren, wenn es um die Holzbestimmung geht.
Je nach Standort, Lichteinfall und Witterungsbedingungen entwickelt sich jeder Baum unterschiedlich. Äußere Einflüsse, Veränderungen in seiner Umgebung fordern seine Anpassung an neue Gegebenheiten und lassen dabei auch im veränderten Wuchs wieder neue Maserungen entstehen.

Aufbau des Holzes

Um die verschiedenen Holzsorten sicher erkennen und behandeln zu lernen, wird man sich mit der äußeren Wuchsform sowie dem inneren Aufbau eines Stammes beschäftigen müssen. Neben den theoretischen Kenntnissen und dem Wissen um typische Erkennungsmerkmale der jeweiligen Holzart sind Erfahrungen und praktischer Umgang mit dem Material Holz selbst jedoch die wichtigste Aufgabe.

Aufbau eines Baumstamms.

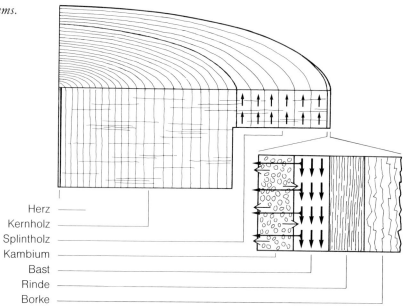

Herz
Kernholz
Splintholz
Kambium
Bast
Rinde
Borke

Verschiedene Schnitte durch den Stamm machen den Wachstumsablauf besonders deutlich. Die daraus resultierenden Eigenschaften bestimmen sehr genau Bearbeitung und Erkennung des Holzes.

Querschnitt

Wird der Baum quer zum Stammverlauf aufgeschnitten, so spricht man vom Querschnitt oder auch Hirnschnitt. Sehr deutlich erkennt man dabei den gesamten Wachstumsablauf in den übereinanderliegenden Jahresringen. Verschiedene Schichten – meist farblich voneinander zu unterscheiden – bestimmen die Holzqualität innerhalb eines Stammes; dies gilt für alle Holzarten.

Die ersten Schichten, Rinde, Bast und Kambium, sind für die Versorgung des Baumes lebensnotwendig, aber für die Holzverarbeitung uninteressant. Die danach folgenden hellen Jahresringe nennt man Splint. Diese junge Holzschicht besteht aus den Zellen, die für Wasser- und Nährstoffaufnahme und deren Weitergabe verantwortlich sind. Splint ist gemäß seiner Funktion weich und daher sehr holzwurmgefährdet. Bei stellenweise starken Holzwurmschäden an einem Möbel kann man beinahe immer davon ausgehen, daß es sich um Splintholz handelt.

Die Splintschicht bei Laubhölzern ist großporig (ringporig) und wird wegen ihrer minderwertigen Qualität kaum verarbeitet. Bei Nadelhölzern dagegen findet auch die Splintschicht als vollwertiges Holz Verwendung.

Im Innern des Stammes liegt der Kern mit seinem Mittelpunkt, dem Herz. Kernholz hebt sich bei den meisten Holzarten dunkel gegen den hellen Splint ab. Man spricht dann von zweifarbigem Holz. Tanne, Fichte, Ahorn, Linde, Buche, Birne, Birke sind in Splint und Kern nicht unterschiedlich, also einfarbig.

Im Kernholz sind die nährstoffaufnehmenden Zellen weitgehend abgestorben. Der Saftgehalt ist gering. Die Poren sind dicht und als feine runde bis ovale Löcher zu erkennen. Bei vielen Holzarten füllen sich die ehemals saftführenden Zellen mit Harz oder Gerbsäure und färben das Kernholz dunkel.

Die Verkernung verläuft mit zunehmendem Alter des Baumes. Das Holz wird dichter, härter, fester und beständiger. Kernholz arbeitet kaum noch und ist somit zum wertvollsten Nutzteil des Baumes geworden. Es ist sehr widerstandsfähig gegen Pilz- und Holzwurmbefall.

Längsschnitt

Wird ein Stamm – wie zumeist üblich – im Längsschnitt aufgesägt, kann man ebenfalls den Aufbau der Wachstumsschichten, anhand der nun nebeneinanderliegenden Jahresringe, erkennen. Der Längsschnitt verläuft mit der Faser bzw. Mase-

Verschiedene Schnitte durch den Baumstamm.

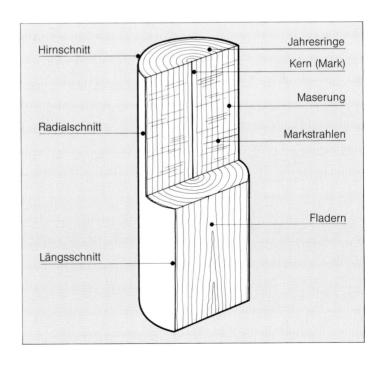

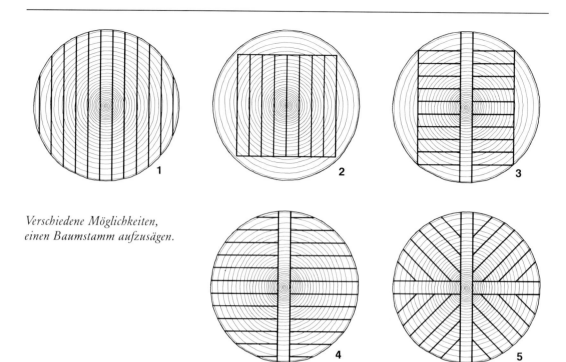

*Verschiedene Möglichkeiten,
einen Baumstamm aufzusägen.*

rung. Die Jahresringe liegen im Längsschnitt als dunkle und helle Streifen parallel nebeneinander. Die Markstrahlen verlaufen quer zu den Längsfasern als unregelmäßige, hellere Streifen. Man nennt dieses Bild auch Spiegel. Die Poren sind als kleine Längsöffnungen (Ritzen) zu erkennen.

Im Längsschnitt gibt es mehrere Möglichkeiten, einen Stamm aufzuschneiden und so verschiedene Maserungsbilder zu erhalten. Dies spielt besonders bei der Furnierherstellung eine wichtige Rolle.

Jahresringe

Im mitteleuropäischen Klima wächst der Baum, anders als in tropischen Zonen, im Frühjahr bis zum Spätsommer und ruht für den Rest des Jahres. Frühjahrswachstum zeigt sich poröser, dünnwandiger als das dichte, harte Spätsommerholz. Die Jahresringe werden also durch Früh- und Spätholz gebildet. Dies ist in deutlichen Farbunterschieden in jedem Jahresring zu erkennen. Auch läßt sich ein besonders kalter Winter, ein spätes Frühjahr oder ein trockener Sommer im Abstand der Jahresringe deutlich wiedererkennen.

Markstrahlen

Wichtig und bei manchen Arten (z. B. Eiche) deutlich zu erkennen sind die Markstrahlen. Das sind die verbindenden

Zellen für die von außen nach innen erfolgende Nährstoffaufnahme. Besonders deutlich erkennt man diese Markstrahlen bei der Eiche. Auch für Buche, Esche, Ulme sind sie charakteristisch. Bei anderen Laub- und Nadelhölzern sind sie mit dem bloßen Auge oft nicht erkennbar.

Holz arbeitet

Neben allen gelobten Eigenschaften hat Holz auch seine „schlechten Seiten", die eben daraus entstehen, daß Holz lebt oder „arbeitet", wie es der Schreiner nennt. Selbst nach dem Fällen und Zuschneiden eines Stammes bleibt jedes Stück Holz „lebendig" und hört nie auf, sich zu verändern. Dieses Arbeiten ist allen Holzarten – mehr oder weniger ausgeprägt – gemeinsam.

Trocknet frisch geschlagenes oder stark genäßtes Holz (z. B. nach dem Ablaugen) bei großer Wärme zu rasch aus, reißt es. Die Risse verlaufen mit den Markstrahlen, also quer zu den Jahresringen. Besonders betroffen ist davon auch das harte Kernholz.

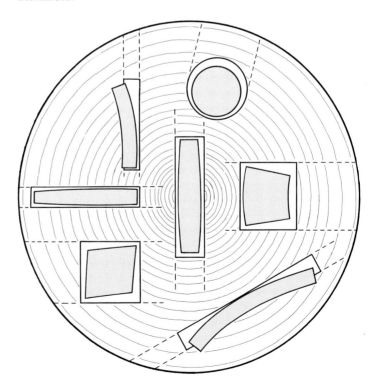

Holz „schwindet" in Breite, Länge und Stärke.

Aufgeschnittenes Holz verzieht sich immer entgegengesetzt zur gewachsenen Krümmung (1). Frisch geschlagenes oder nasses Holz reißt bei rascher Trocknung oder großer Wärme (2).

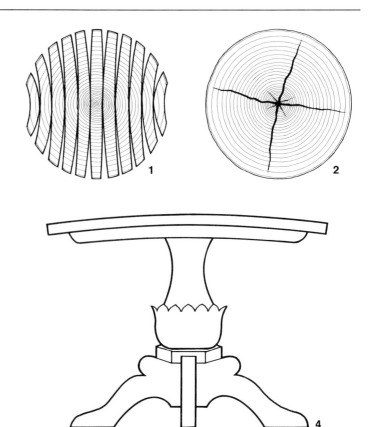

Holz, das nicht gut abgelagert und nicht sorgfältig genug verarbeitet wurde, wird sich immer wieder in unerwünschter Form verwerfen (3, 4).

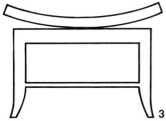

Durch die entsprechende Verarbeitung wirkt der Schreiner dem Verziehen des Holzes entgegen (5).

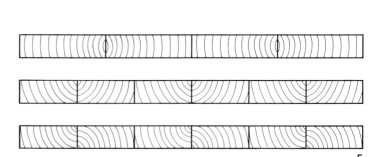

Bei seiner Nährstoffaufnahme nimmt der Baum aus dem Erdreich auch Salze auf, die sich in den Holzzellen ablagern. Da Salz hygroskopisch ist, kann über die salzhaltigen Zellen je nach Witterung ein Feuchtigkeitsaustausch stattfinden, wobei die äußere Splintschicht mit den groben Poren stärker von diesem Austausch betroffen ist als der geschützte, innenliegende Kern. Ein Austrocknen des Stammes wird – zumindest bei normalen Witterungsverhältnissen – somit verhindert. Diese hygroskopische Eigenschaft behält das Holz auch nach dem

Zuschnitt bei, im Kernholz weniger als im Splint. Holz arbeitet also immer; es dehnt sich aus und zieht sich zusammen. Das Dehnen bezeichnet der Schreiner als Quellen, das Zusammenziehen als Schwinden.

Sorgfältig abgelagertes Holz hat noch einen Feuchtigkeitsgehalt von etwa 10%. Dieser Anteil muß dem Holz auch erhalten bleiben, um es nicht spröde, glanzlos und brüchig werden zu lassen.

Um dem Feuchtigkeitsaustausch und dem damit verbundenen Schwinden und Quellen Rechnung zu tragen, muß auf sorgfältige Holzauswahl geachtet und mit entsprechenden konstruktiven Verbindungen oder Querfurnieren einem zu starken Arbeiten des Holzes entgegengewirkt werden.

Holz schwindet oder quillt in Breite, Länge und Stärke. Am deutlichsten arbeitet das Holz im Verlauf der Jahresringe. Die unterschiedliche Porenstärke bei Splint und Kernholz bewirkt, daß das Holz innen und außen unterschiedlich arbeitet und sich dabei nicht nur in seinem Volumen, sondern auch in der Form verändert. Es verzieht oder wirft sich.

Holzarten

Ein weiterer Schritt zur Bestimmung der verschiedenen Holzarten ist die Unterscheidung zwischen Laubholz (Hartholz) und Nadelholz (Weichholz). Bei beiden wird man dann noch zwischen einheimischem und exotischem Holz differenzieren.

Laubholz (Hartholz)

Laubholz wächst langsamer als Nadelholz. Das Holz ist daher dichter, schwerer, härter, widerstandsfähiger. Wegen seiner besseren Qualität wurde Laubholz schon immer bevorzugt verarbeitet und spielt die entscheidende Rolle bei der Furnierverarbeitung. Die meisten Harthölzer eignen sich wegen ihrer feinporigen Maserung auch vorzüglich zum Polieren.

Nadelholz (Weichholz)

Nadelholz wächst schneller als Laubholz und stellt geringere Anforderungen an den Boden. Sein Zellaufbau ist einfacher strukturiert. Das Holz ist weich und leichter als Laubholz. Auch fehlen die beim Laubholz im Längsschnitt erkennbaren, so charakteristischen Poren. Die Jahresringe liegen aufgrund des raschen Wachstums weiter auseinander und sind immer deutlich erkennbar.

Weichholz ist weniger beständig und arbeitet stärker als Hartholz. Bis vor einiger Zeit spielte es bei der Furnierherstellung keine Rolle. Es wurde vor allem als Blindholz eingesetzt oder – regional bedingt – in bäuerlichem Stil massiv verarbeitet und bunt bemalt.

Weichholz ist aufgrund seiner Struktur zum Polieren ungeeignet. Man kann es wachsen, ölen oder nach entsprechender Grundierung auch lackieren.

Kriterien bei der Holz-Bestimmung
Um Holz richtig einordnen und bestimmen zu können, geht man am besten schrittweise nach folgenden Kriterien vor:
- Laubholz – Nadelholz?
- hart – weich?
- charakteristischer Farbton?
- falls vorhanden: Splint/Kern einfarbig oder zweifarbig?
- Jahresringe: deutlich oder undeutlich?
- Poren: grob, fein, nicht erkennbar?
- Markstrahlen (Spiegel): erkennbar?
- Gewicht: leicht, schwer?
- Maserwuchs.

Feinde des Holzes

Feuchtigkeit

Feind Nummer eins für jedes Holz ist Feuchtigkeit oder Nässe. Dabei ist nicht die Rede von einer angemessen befeuchteten Luft der Wohnräume, in denen die Möbel stehen. Vielmehr ist es die länger andauernde Nässe, die dem Holz schadet. Wenn die für das Holz notwendige Feuchtigkeit von etwa 10% über einen längeren Zeitraum auf 20% ansteigt, ist das die beste Grundlage für das Wachstum holzschädigender Pilze und für Holzfäule. Und ist das Holz durch Fäule erst einmal zermürbt und porös, hat der Holzwurm – ähnlich wie bei weichem, minderwertigem Splintholz – leichten Fraß.

Es gibt allerdings auch Insekten, die mit Vorliebe trockenes Holz zerfressen. So befällt der Hausbock, vielmehr seine Larve, das trockene, meist nährstoffreiche und poröse Splintholz. Hartes Kernholz dagegen wird verschont.

Durch starken Holzwurmbefall kann ein ganzes Möbelstück regelrecht zerfressen werden.

Ist Holz ständig oder häufig UV-Strahlen (Sonnenlicht) ausgesetzt, verwittert es. Durch die Lichteinwirkung wird in dem Holz Lignin abgebaut – eine harzartige Substanz, die auch für den Holzfarbton verantwortlich ist; das Holz wird anfälliger für Feuchtigkeit und damit auch für Schädlinge. Dies trifft besonders für Holz oder Möbel außerhalb einer Wohnung zu, bedingt aber auch für Möbel im Wohnbereich, wenn Pflege und Standort unsachgemäß oder unzureichend sind.

Holzwurm

Holzwürmer sind wohl die am meisten gefürchteten Holzfeinde. Dieser Sammelbegriff steht für die im Holz lebenden Larven verschiedener Klopfkäfer und anderer Insekten. Einige Arten befallen nur Nadelhölzer, wie zum Beispiel der Hausbock, manche bevorzugen Laubholz, andere wiederum Nadel- und Laubhölzer.

In Rissen, Poren oder Fugen legen die Weibchen dieser Insekten ihre Eier ab, aus denen dann die Larven schlüpfen; da diese wie Maden oder Würmer aussehen, spricht man von Holzwürmern. Bis zu ihrer Verpuppung – mindestens ein Jahr lang, oft aber auch länger – fressen sie sich, meist unbemerkt, durch das Holz und können so ein ganzes Möbelstück zerstören. Weiches Frühholz, Splint, ist ihre bevorzugte Nahrung; Kernholz wird in aller Regel nicht angegriffen.

Befallsmerkmale. Kleine, runde Fluglöcher von 1 bis 2 mm

Durchmesser, durch die sich die geschlüpften Käfer an die Oberfläche gefressen haben, um zu entfliegen; sie liegen oft in großer Zahl nebeneinander. Ausgeworfenes, frisches Holzmehl zeigt eine rege Freßtätigkeit der Larven, also der eigentlichen „Holzwürmer" an. Könnte man die Fraßgänge im Inneren des Holzes sehen, würde man deutlich erkennen, daß Spätholzschichten stehengeblieben, weiches Frühholz dagegen zerstört wurde.

Vorbeugende Maßnahmen zur Verhinderung von Holzwurmbefall. Einen sicheren Schutz vor Holzwurmschäden, besonders bei alten Möbeln, gibt es leider nicht, jedoch sollte man immer wieder daran denken, daß

■ trockenes Holz in trockener Umgebung in aller Regel nicht von Schädlingen befallen wird (trocken bedeutet, daß der normale Feuchtigkeitsgehalt des Holzes von etwa 10 % eingehalten wird);

■ Hirnholzteile, z. B. die Standfläche der Beine, gut beobachtet werden sollen, da Hirnholz besonders viel Feuchtigkeit aufnimmt;

■ bei der Sanierung von Holzwurmschäden großzügig über die Schadstelle hinaus geschliffen und ausgestemmt und nur mit ausgesuchtem, trockenem und splintfreiem Holz ausgebessert wird.

Um Holz gegen Holzwurmbefall zu schützen, tunkte man früher das Holz in eisen- oder tanninhaltiges Quellwasser.

Holzwurmbekämpfung. Auf die Vernichtung des Holzwurms mit starken Giften soll hier nicht eingegangen werden. Bei solchen Mitteln handelt es sich um gefährliche Pestizide mit langanhaltenden Ausdünstungen, so daß von ihrer Anwendung im Wohnbereich dringend abzuraten ist.

Holzschutzmittel: Holzschützend heißt hier auch schädlingstötend. Daher immer nur für Holz und Möbel außerhalb des Wohnbereichs, niemals innen anwenden.

Wetterschützende Mittel: Sie enthalten keine Wirkstoffe gegen Insekten. Sie wirken wasserabweisend und lichtschützend. Auch diese Mittel nur im Außenbereich anwenden.

Holzveredelungsmittel: Frei von schädlingsbekämpfenden Zusätzen, also unwirksam gegen Holzwurmbefall. Bei diesen Mitteln, die im Wohnbereich angewendet werden können, ist auf das Umweltzeichen „Blauer Engel" zu achten, das zumindest einen verhältnismäßig geringen Anteil an Lösungsmitteln (unter 10 %) garantiert.

Bei einem sehr starken Schadbild eines großen und wertvollen Möbels müssen, neben der sorgfältigen Sanierung, unbedingt auch die noch im Holz befindlichen Larven abgetötet werden. Man wird dabei um eine sogenannte „Begasung" nicht herumkommen, die z. B. von einem Kammerjäger durchgeführt werden kann.

Bei kleinen Möbelstücken kann man die Schadstelle mit einer ungiftigen Essig- oder Zitronenlösung bearbeiten. Unverdünnte Essigessenz oder reiner Zitronensaft wird auf die betroffene Stelle gepinselt und mit Folie abgedeckt. Durch die starke Verdunstung unter Abschluß wird der Holzwurm meist abgetötet.

Etwas umfangreichere Maßnahmen erfordert die Vernichtung der Schädlinge durch Wärme. Schon vor mehr als 30 Jahren fand man in Skandinavien bei der Bekämpfung des Hausbocks in Dachstühlen heraus, daß diese Schädlinge sich bei Temperaturen bis zu 35 °C besonders wohl fühlten und vermehrten. Temperaturen aber, die darüberlagen – genauer gesagt bei 50 °C –, ließen Hausbock und andere Insekten absterben. Mit diesem sogenannten Heißluftverfahren hatte man also eine effektive und zugleich ungiftige Methode zur Schädlingsbekämpfung gefunden.

Auch der Holzwurm ist gegen Wärme sehr empfindlich und stirbt bereits bei 30 °C ab. Je nach Größe des Möbels und Ausmaß des Schadens kann man versuchen, das betroffene Möbel etwa 30 Minuten in die Sauna zu stellen. Bei furnierten Hölzern ist allerdings Vorsicht geboten, da sich das Furnier lösen kann. Das Verfahren ist eher für Möbel aus massivem (Weich-) Holz geeignet.

Anschließend kann man die betreffenden Stellen mit einer Borsalzlösung einstreichen.

Holzwurmtöter (altes Rezept): „1 Kanne Wasser mit 1 Handvoll Wermutblätter und 2 bis 3 Knoblauchköpfen auf die Hälfte einkochen, durchseihen (Leintuch), 1/2 Handvoll Salz und 1/2 Mösel Essig dazugeben."

Leim, Kleister, Kleber

Beim Leimen, Kleistern oder Kleben soll eine feste Verbindung zwischen zwei Teilen – hier Holz – hergestellt werden. Man unterscheidet dabei zwischen Warmleim und Kaltleim.

Warmleim

In einem speziellen Leimtopf wird der Warmleim im Wasserbad auf gleichmäßiger Temperatur gehalten.

Glutin- oder Tischlerleim, wie der Warmleim auch genannt wird, besteht aus tierischen Abfällen mit dem Bindemittel Glutin. Er löst sich bei Wärme auf, ist nicht wasserfest und kann nach längerem Aufbewahren, da aus organischen Stoffen, faulen. Warmleim ist in Form von Tafeln, Körnern, Perlen, Flokken oder Pulver erhältlich. Die gebräuchlichsten Sorten sind Hautleim und Knochenleim.

Der Tischler beurteilt die Bindekraft eines Warmleims nicht nach Aussehen, Geruch oder Form, sondern macht eine sogenannte Leimprobe. Dazu werden zwei zusammengefügte Nadelhölzer auseinandergeschlagen: Bei einem guten Leim darf die Bruchstelle nicht in der Leimfuge liegen. Guter Leim hinterläßt beim Verbrennen keine dunkle Schlacke, sondern weiße, pulverförmige Asche.

Hautleim

Unter den organischen Warmleimen gilt Hautleim als die hochwertigste Leimsorte. Er wird aus gesäuberten und entfetteten Häuten, Sehnen und Knorpeln hergestellt. Hautleim bindet schnell ab, ist säurefrei, kann reichlich mit Wasser verdünnt werden und ist fast geruchsfrei.

21

1   2

Vor dem Erhitzen müssen Glutinleime in sauberem Wasser aufquellen (1). Nach dem Aufquellen muß die Leimmasse so schnell wie möglich „abgekocht" werden (2).

Knochenleim

Knochenleim wird aus gesäuberten, entfetteten und zerkleinerten Knochen und aus Knochenknorpel gewonnen.

Bei der Verarbeitung von Knochenleim kann es durch die in den Knochen enthaltenen Mineralstoffe und die dabei freiwerdende Säure zu Verfärbungen kommen. Bei gerbstoffhaltigem Holz, wie Eiche oder Mahagoni, können dabei dunkle Fugen und Flecken entstehen. Bei Furnierverleimung kann durch austretenden Leim die nachfolgende Politur zerstört werden. Es ist daher ratsam, den Knochenleim mit Lackmuspapier auf seinen Säuregehalt hin zu prüfen; Säure würde das in die Leimlösung gehaltene blaue Lackmuspapier rot färben. Eventuell vorhandene Säure kann man mit etwa 2% Schlämmkreide neutralisieren.

Zubereitung

Vor dem Erhitzen müssen Glutinleime, also Warmleime, in sauberem Wasser aufquellen. Im allgemeinen rechnet man 1 Teil Leim auf 5 Teile Wasser. Je nach Sorte und Form (Tafeln, Perlen oder Flocken) liegen die Quellzeiten zwischen 1 und 48 Stunden. Hautleim braucht doppelt so lange zum Einweichen wie Knochenleim. Leim in Form von Perlen oder Flocken weicht sehr viel schneller auf (in 1 bis 2 Stunden) als Tafelleim. Guter Leim muß gleichmäßig durchweichen und darf keine harten Stellen mehr zeigen.

Nach dem Aufweichen soll die Leimmasse so rasch wie möglich „abgekocht" werden, um ein Faulen oder Gären zu vermeiden. Überschüssiges Wasser wird abgegossen und soll nicht weiterverwendet werden. Der eingeweichte und gleichmäßig aufgequollene Leim wird in einem eisenfreien Topf im Wasserbad unter Zugabe von Wasser bis zum Schmelzen erhitzt. Spricht man vom „Abkochen" des Leims, so ist immer nur eine Temperatur von 60 bis 70 °C gemeint. Höheres Erhitzen oder sogar Kochen würde ihn Bindekraft und Elastizität verlieren lassen.

Das richtige Mischungsverhältnis von Wasser zu Leim macht die sogenannte Fugenfestigkeit aus. Ideal ist ein Verhältnis 50:50. Verwässert man die Leimlösung beim Aufwärmen zu sehr, läßt auch die Bindekraft erheblich nach.

Bei der Zubereitung muß auf Sauberkeit geachtet und der Leimtopf gegen Schleifstaub immer abgedeckt werden. Öfteres Aufwärmen ist zu vermeiden, da auch das die Leimkraft mindert. Man wird sich Leim also nicht auf Vorrat zubereiten, sondern immer nur so viel, wie man in einigen Tagen verarbeiten kann.

Abhängig von der zu verarbeitenden Holzart und Holzstärke kann man den Leim mehr oder weniger flüssig zubereiten und eventuell mit einem Füllmittel strecken. Beim Verleimen von Furnier muß die Leimkonsistenz in jedem Fall dickflüssiger sein als beim Verleimen von Weich- oder Hartholz. Das Mischungsverhältnis Leim zu Wasser liegt dann etwa bei 60:40 (250 g Trockenleim ergeben 400 g Warmleim). Allerdings kann diese Lösung mit bis zu 50% Wasser beim Aufwärmen verdünnt werden, was aber die Bindekraft absinken läßt. Frisch zubereiteter Leim ist der beste.

Dem Furnierleim kann man zum Strecken oder Eindicken auch Füllpulver, wie Schlämmkreide, Fichtenholzmehl oder Roggenmehl, beimengen. Das Füllmittel wird getrennt mit Wasser angerührt und erst dann dem flüssigen Leim zugegeben. Beim Anrühren der Füllmittel kann mit Erdfarben im Holzton angefärbt werden, um bei eventuellem Leimdurchschlag weiße Poren im Furnier zu vermeiden.

Wie fast alles im Handwerk, so ist auch die Leimzubereitung in der richtigen Konsistenz Erfahrungssache, die man sich allerdings mit einem Thermometer, dem sogenannten Leimprüfer (im Fachhandel erhältlich), erleichtern kann. Man wird die Vorzüge des Warmleims vor allem bei Furnierarbeiten schätzen lernen, selbst wenn seine Zubereitung etwas aufwendig erscheint. Warmleim kann man nach dem Erkalten und Abbinden wieder erwärmen, bereits verleimtes Furnier kann wieder gelöst werden.

Verarbeitungshinweise

Beim Arbeiten mit Warmleim sind eine Reihe wichtiger Punkte zu beachten, die ganz besonders beim Verleimen von Furnier Bedeutung haben (siehe auch unter „Furnier verleimen", Seite 35).

Die Vorbehandlung des Blindholzes, also des Fonds oder des Untergrunds für das Furnier, ist sehr sorgfältig durchzuführen. Das Blindholz muß gut von eventuellen alten Leimresten gesäubert werden, fettfrei, eben und trocken sein. Bei größeren Flächen wird man das Blindholz mit dem Zahnhobel aufrauhen oder grob schleifen, damit der Leim besser eindringt. Der nach Vorschrift zubereitete Warmleim (z. B. Hautleim) wird beidseitig dünn mit einem Spachtel oder einem Pinsel aufgestrichen. Der Auftrag darf auf keinen Fall zu dick sein, da sonst zu viel Feuchtigkeit ins Holz gelangt.

Wichtig für das gleichmäßige Abbinden des verleimten Furniers ist die Raumtemperatur (20 °C und auch mehr), wünschenswert sind ein vorgewärmtes Blindholz und angewärmte Preßplatten oder Klötze.

Das Furnieren großer Flächen sollte am besten vom Schreiner übernommen werden. In kleineren Werkstätten wird noch mit dem Furnierbock gepreßt. Dabei wird das leicht angewärmte Blindholz mit dem aufgeleimten Furnier zwischen Druckplatten von Spindeln zusammengedrückt, überflüssiger Leim fließt nach außen ab.

Wichtig beim Verleimen von Furnier
Das Blindholz muß unbedingt sein:
- eben
- fettfrei
- staubfrei
- ohne alte Leimreste
- trocken
- grob geschliffen oder aufgerauht

Wichtig vor dem Verleimen
Alle Werkzeuge und Hilfsmittel müssen vorher zurechtgelegt werden:
- Furnierhammer
- Furnierstifte
- Furniermesser
- Fugenleimpapier
- Zwingen
- Preßklötze
- Pinsel
- Spachtel
- Lappen
- Filz oder Pergamentpapier

Fischleim

In einigen Restaurierwerkstätten arbeitet man mit einem Glutinleim aus tierischen Abfällen, dem sogenannten kanadischen Fischleim. Dieser Leim kann kalt verarbeitet werden wie ein Weißleim, hat aber den Vorteil eines Warmleims, nämlich zu einem späteren Zeitpunkt wieder lösbar zu sein. Die Raumtemperatur bei der Verarbeitung sollte mindestens 10 bis 15 °C betragen. Die Abbindezeit liegt bei etwa 12 Stunden (am besten über Nacht). Soll mit Fischleim verleimtes Furnier wieder gelöst werden, so geschieht dies, wie beim Warmleim, durch Wärme oder mit Alkohol.

Fischleim kann kalt abbinden. Sind eventuell von früherer Verleimung noch Knochenleimreste zwischen Blindholz und Furnier, so empfiehlt sich ein Abbinden unter Wärme, um den alten Leim gleichzeitig auch wieder binden zu lassen. Fischleim kommt in gebrauchsfertiger Mischung in den Handel.

Kaltleim

Als Kaltleim bezeichnet der Schreiner Leim auf der Basis von Kasein (Quark) und Kalk. Wir kennen diese Mischung auch von Kaseinfarbe her. Das im Kasein enthaltene Eiweiß (Albumin) ist das Bindemittel. Die Stärke der Bindekraft ist von der Menge des beigemischten Kaseins abhängig. Durch den Zusatz von Kalk hat der Kaseinleim eine ätzende Wirkung. Gerbstoffhaltige Hölzer (z. B. Eiche, Nußbaum, Birke) können sich beim Verleimen mit Kaseinleim daher dunkel verfärben. Mit einer leichten Lösung aus Oxalsäure können solche Verfärbungen oder dunkle Flecken wieder entfernt werden. Man kann aber auch gleich bei der Verarbeitung dem Kaseinleim Oxalsäure beimischen, um Verfärbungen auf gerbsäurehaltigem Holz vorzubeugen. Dies gilt besonders beim Verleimen von Furnier.

Kaseinleim wird immer kalt verarbeitet. Er trocknet hart und wasserunlöslich auf und kann nicht, wie Glutinleim, durch Erwärmen korrigiert werden. Die Zubereitung dieses Kaltleims aus Magermilchquark, Kalk und Konservierungsstoffen wie Kreide- oder Holzmehl war früher in jeder Schreinerwerkstatt bekannt. Heutzutage braucht man sich mit der Herstellung von Kaseinleim nicht mehr zu plagen, da es im Handel fertige Kaltleime gibt.

Kunstharzleim

Kunstharzleime, auch Weißleime genannt, sind ebenfalls Kaltleime und kommen unter verschiedenen Namen in den Handel (z. B. Ponal). Sie sind wasser- und schimmelfest und erbringen sehr feste und widerstandsfähige Leimverbindungen. Im Gegensatz zum Warmleim spielt hier die Raumtemperatur bei der Verarbeitung kaum eine Rolle. Noch bei 2 bis 3 °C kann dieser Leim verarbeitet werden. Die dickflüssige, weiße Masse trocknet hart und durchsichtig auf. Der Leim ist wasserverdünnbar, nach dem Abbinden aber nicht mehr zu lösen.

Für Furnierarbeiten ist Ponal gut geeignet, kann allerdings nach der entsprechenden Trockenzeit nicht mehr korrigiert werden. Die Abbindezeiten werden durch Schnellhärter immer kürzer, so daß die Verbindung schon nach wenigen Minuten stattgefunden hat. Will man das mit Kunstharzleim verbundene Furnier wieder lösen, so ist mit Beschädigung des Blindholzes und des Furniers zu rechnen.

Kunststoffkleber

Sie reagieren auf einmaligen Druck und haften – nach vorgeschriebener Antrockenzeit – sofort. Ein Abbinden unter längerem Verzwingen entfällt also. Für kleinteilige Furnierausbesserungen und dort, wo Schraubzwingen nicht angesetzt werden können, wird man bedingt mit ihnen, z. B. mit Pattex, kleben.

Kunststoffkleber können nach einigen Jahren „ermüden", d. h. ihre Klebekraft verlieren. Für größere Furnierarbeiten sind sie ungeeignet.

Kleister

Kleister ist ein Papierleim, der aus in Wasser aufgelöster Reisoder Weizenstärke hergestellt wird. Verwendung findet er vor allem beim Tapezieren oder bei Buchbindearbeiten. Dennoch wird er hier, im Zusammenhang mit Holz, erwähnt. Er wird beispielsweise eingesetzt, wenn Papier zu Hilfszwecken auf Furnier geklebt (und anschließend wieder gelöst) werden muß.

Flecken im Holz entfernen

Art der Flecken	Behandlung	Nachbehandlung
Kalk, Gips, Zement	– mechanisch (schleifen) – eisenfreie Salzsäure: 100 g in 1 Liter kaltem Wasser, sorgfältig nachwaschen	trocknen lassen vor Weiterbehandlung
Graue, helle Flecken (Wasserflecken)	– fein ausschleifen	Oberflächenbehandlung ausbessern
Eisenverfärbung grau/schwarz	– Kleesalz oder Oxalsäure (giftig!) 20–30 g in heißem Wasser auflösen, einige Minuten auf dem Fleck einwirken lassen, klar und sorgfältig nachspülen	trocknen lassen, feinschleifen vor Weiterbehandlung
Rost	– Behandlung wie bei Eisenflecken	
Öl, Fett, Wachs	– mechanisch – Zelluloselackverdünner, Aceton, Leichtbenzin, Terpentin, Magnesium (dünner Brei aus Aceton und Magnesium)	
Tinte, Farbflecken	– mechanisch (schleifen) – ausbleichen mit 10%iger Zitronensäure, Essig oder Eau de Javelle – 5 % Kampfer, gelöst in Olivenöl – Wasserstoffperoxid, 1:1 mit Wasser verdünnt, evtl. mit Zugabe von 3 % Salmiakgeist	Gerbsäurehaltiges Holz mit 10%iger Salzsäure nachwaschen, etwa 12 Stunden einwirken lassen
Brandflecken	– mechanisch – ausbleichen (s. Tinte)	
Leimdurchschlag – chem. Leim, z. B. Ponal – organischer Leim	– muß mechanisch entfernt werden, da nicht mehr löslich – Holzseife: 30 g in lauwarmem Wasser gelöst	trocknen lassen, feinschleifen
Harz	– Zelluloselackverdünner – Lösungsmittel-Entharzer – Holzseifenlösung: 30 g in 1 Liter lauwarmem Wasser (evtl. mit 5 % Salmiakgeist)	trocknen lassen, feinschleifen
Allgemeine Verschmutzung bei Eichenholz	warmes Bier mit Lappen aufreiben	trocken nachreiben

Furnier

Verschiedene Einflüsse haben im 15. Jahrhundert die Möbel-
herstellung entscheidend geprägt und das bis dahin nur massiv verarbeitete Möbel deutlich verändert. Zum einen war es
der gesteigerte Wohnanspruch eines immer wohlhabenderen
Bürgertums, der die Handwerker veranlassen mußte, nach
verfeinerten und abwechslungsreicheren Möglichkeiten im
Möbelbau zu suchen. Zum anderen waren es die Erfindung
und die Weiterentwicklung der durch Wasserkraft betriebenen
Sägemühlen. Es wurde nun möglich, Holz in dünne Bretter
aufzusägen und somit Möbel leichter und transportabler zu
konstruieren. Durch das Aufleimen von dünnen Edelholzbret-
tern wurde einfaches Massivholz (das Blindholz) bedeckt,
d. h. furniert.

Mit Erfindung der „Furniermühle" im 16. Jahrhundert durch
den Intarsiator Georg Renner wurde es in größerem Umfang
möglich, Baumstämme in dünne Holzfolien – das Furnier –
aufzusägen. Vereinzelt findet man zwar bereits im 13. und
14. Jahrhundert furniertes, d. h. mit dünnen Platten aus Edelholz verkleidetes Blindholz, meist Weichholz oder Eiche,
doch wirklich durchsetzen kann sich diese Art der Oberflä-
chengestaltung erst mit fortschreitender Entwicklung. Aufgesägtes Furnier hatte damals eine Stärke von 3 bis 4 mm. Man
erkennt es an den Sägespuren und der ungleichmäßigen Dicke.
1817 erfand man in Wien eine Furnierschneidemaschine, die
sehr viel dünneres Furnier in gleichmäßiger Plattenstärke her-
stellte. Heute wird ein Baumstamm maschinell mit sparsam-
sten Methoden gemessert oder geschält. Man erreicht dabei
Furnierblätter von weniger als 0,3 mm Stärke.

Furnierschnitt mit einem früher
gebräuchlichen Schultermesser
(s. auch Seite 50).

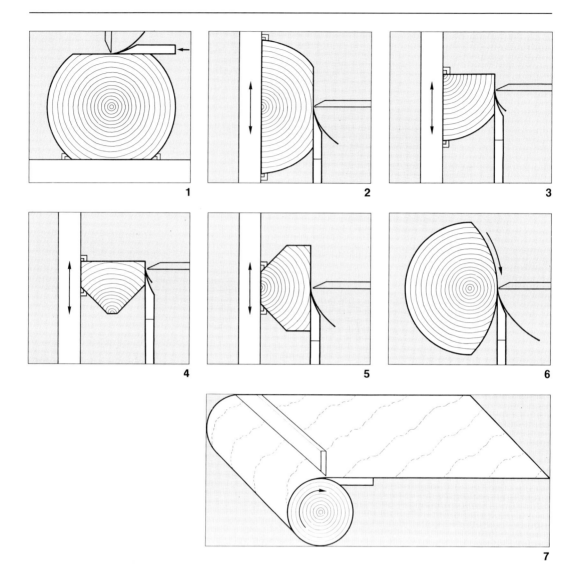

1　2　3　4　5　6　7

Furnierherstellung

Das gebräuchlichste Oberflächenfurnier ist das Messerfurnier. Aus den halbierten oder geviertelten Stammteilen werden mit einer Hobelmaschine Furnierblätter im sogenannten Längs-schnitt quer zur Maserung abgenommen. Man nennt diesen Schnitt auch Sehnenschnitt oder Fladerschnitt (Fladerung: Übereinandersetzung bogenförmiger Jahresringe). Die eben-falls übliche Bezeichnung „Tangentialschnitt" kommt von der kreisförmigen Querschnittfläche des Stammes. Je mehr sich

Verschiedene Techniken der Furnierherstellung

Messerfurnier: Mit der Hobelmaschine werden quer zur Maserung, im sogenannten Längsschnitt, Furnierblätter abgenommen (1). Je nach Teil des Stammes, aus dem das Furnier gewonnen wird (2 bis 6), ergeben sich unterschiedliche Furnierbilder.

Schälfurnier: Der rotierende Baumstamm wird fortlaufend geschält (7).

Gemaserte Furniere

das Messer beim Aufschneiden des Stammes dem Kernholz nähert, desto schlanker werden die Fladern und desto zahlreicher die senkrecht verlaufenden Jahresringe.

Bei Hölzern mit kräftig ausgebildeten Markstrahlen, wie z. B. Eiche und Buche, zeigt das Schnittbild charakteristische glatte und glänzende Einstreuungen. Daher nennt man diesen Radialschnitt auch Spiegelschnitt. Bei entsprechender Zurichtung des Messerblocks kann man das Furnierbild gestreift, halb gefladert oder voll gefladert herausschneiden.

Für die Herstellung von Schälfurnier wird das Furnier mit Maschinen von dem rotierenden Baumstamm fortlaufend geschält; etwa in der Art, wie man einen Bleistift spitzt. Schälfurnier ist eine sehr sparsame Methode der Furnierherstellung. Es wird für untergeordnete Furnierarbeiten verwendet.

Maserwuchs ist eine vom normalen, geradlinigen Wuchs abweichende Form. Verschiedene Arten dieser unregelmäßigen Wuchsform sind im Furnierbild sehr ausgeprägt und durch das sehr lebhafte Maserbild besonders geschätzt.

Knollenmaserung. Durch knollenartige Wucherungen am Baumstamm ergibt sich ein wirbeliges, krauses Furnierbild.

Wurzelmaserung. Furnier aus dem Wurzelstock eines Baumes zeigt eine unregelmäßige, wellige, mit dunklen Absätzen gezeichnete Maserung.

Augenmaserung. Eine ganz besondere Maserung zeigt das Furnier jener Bäume, bei denen sich über den gesamten Stamm, fast gleichmäßig verteilt, fortwährend Knospen bilden. Bei der Verarbeitung im Schälvorgang entsteht ein Furnier mit sogenannter Augenmaserung (z. B. Vogelaugenahorn).

Pyramidenmaserung. Bei einigen Holzarten kommt durch wechselnden Drehwuchs eine streifenförmige Glanzwirkung besonders im Bereich der Stamm- und Astgabelungen in das Furnierbild. Die hierbei entstehende Maserung ist als Pyramide bekannt.

Die verschiedenen Schnitte durch den Baumstamm
Querschnitt = Hirnschnitt
Längsschnitte:
Sehnenschnitt = Tangentialschnitt = Fladerschnitt = Flammenschnitt
Spiegelschnitt = Radialschnitt = Spaltschnitt = Mittelschnitt

---

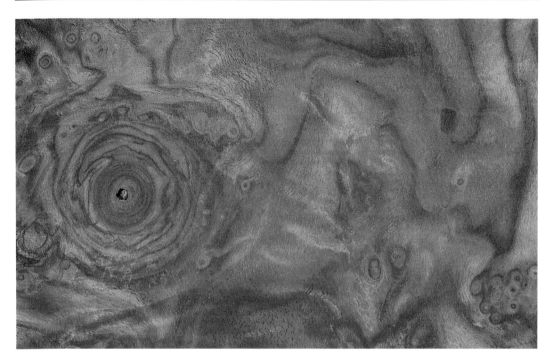

Nußbaum (Wurzelmaserung)

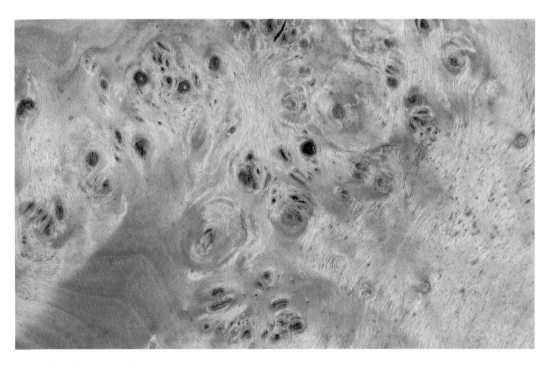

Birke (Knollenmaserung)

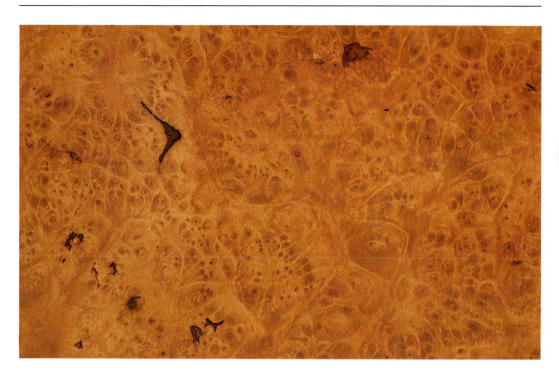

Ahorn (Augenmaserung)

Mahagoni (Pyramidenmaserung)

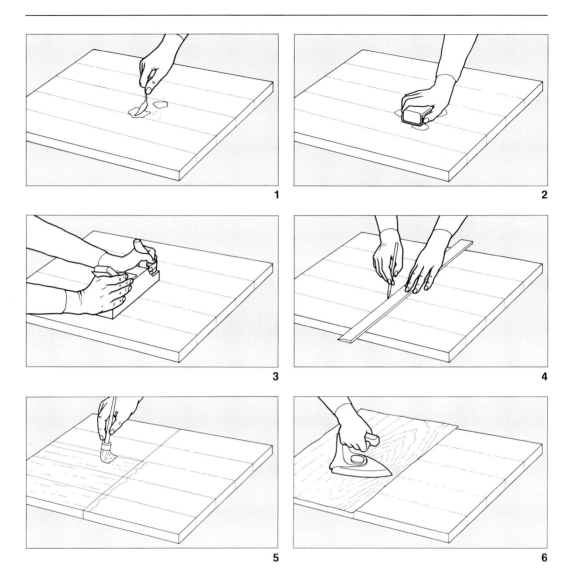

1 **2** **3** **4** **5** **6**

Furnier aufleimen: Das Blindholz muß gut vorbereitet werden.
Fehlstellen werden ausgekittet (1)
und geschliffen (2). Dann wird
das Blindholz mit dem Zahnhobel aufgerauht (3), damit das
verleimte Furnier besser darauf
haftet. Die Lage der Furnierteile
zeichnet man sich auf dem
Blindholz vor (4). Das Blindholz wird jetzt mit Leim eingestrichen (5) und das erste
Furnierteil aufgelegt. Mit einem

erwärmten Bügeleisen streicht
man das Furnier von hinten
nach vorn glatt (6), mit dem
Furnierhammer wird es bündig
aufgerieben (7). Dann streicht
man den nächsten Abschnitt auf
dem Blindholz mit Leim ein (8).
Mit dem Furnierhammer wird
das folgende Furnierteil über-
lappend aufgerieben (9), die
überlappenden Teile dann mit der
Furniersäge (oder dem Furniermesser) bündig durchtrennt (10).

Mit dem erwärmten Eisen wird
die Fuge fest angedrückt (11)
und mit einem Furnierklebestreifen überklebt (12).

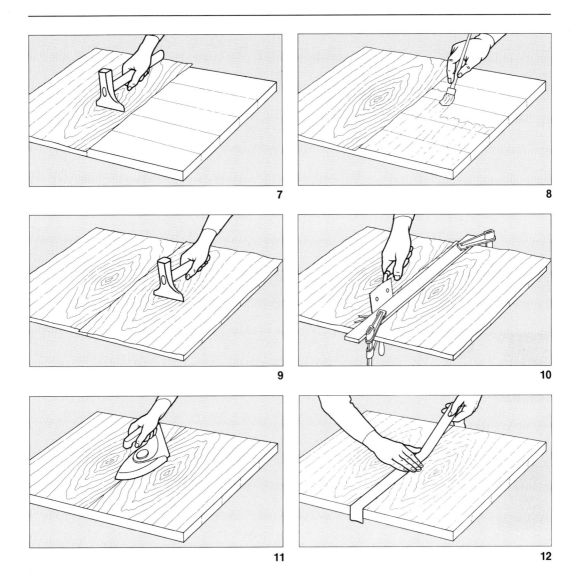

7

8

9

10

11

12

Furnier verleimen

Furnieren von glatten Flächen

Das Aufleimen großer Furnierblätter bzw. das Furnieren großer Flächen wird bei der Oberflächenrestaurierung alter Möbel eine eher untergeordnete Rolle spielen. Möglicherweise aber hat man sich entschieden, altes Furnier abzunehmen und neu aufzuleimen oder an anderer Stelle des Möbels weiterzuverwenden. Auch brüchiges oder verlorengegangenes Furnier muß ausgebessert werden.

Beim Furnieren größerer Flächen muß ein mindestens gleichgroßes Brett mit Druck auf die furnierte Stelle gepreßt werden. Der Schreiner verwendet dazu eine Furnierpresse.

Furnier kann nur bündig aufgeleimt werden, wenn das Blindholz glatt, d. h. ohne Fehlstellen und Löcher ist. Eventuelle Mängel werden durch Schleifen oder Auskitten geebnet. Damit die Verleimung besser haftet, wird das Blindholz grob geschliffen. Auch kann man das Blindholz sowie die Unterseite des zu verleimenden Furniers mit einem Zahnhobel aufrauhen. Man nennt das auch „Platz machen für den Leim".

Sind es verschiedene Furnierteile, die verleimt werden, zeichnet man sich deren Lage auf dem Blindholz und den entsprechenden Blindholzkanten vor. Die Furnierteile werden so zugeschnitten, daß sie mit 10 bis 15 mm überlappen oder über den Rand stehen. Blindholz und Unterseite des Furniers werden gleichmäßig und nicht zu dick mit Warmleim eingestrichen. Nähme man zuviel Leim, würde das Furnier dabei aufquellen und danach beim Trocknen unregelmäßig schrumpfen. Das Furnier wird in der bestimmten Lage aufgelegt und fest angedrückt. Mit einem erwärmten Furnier- oder Bügeleisen streicht man es von hinten nach vorn glatt. Sind mehrere Teile zu verleimen, so arbeitet man ebenfalls von hinten nach vorn. Eventuell hervorquellender Leim kann dabei ohne weiteres auf das noch nicht furnierte Blindholz kommen. Liegt das erste Furnierteil glatt auf, wird es mit dem Furnierhammer rundum fest und bündig aufgerieben. Dann wird der nächste Abschnitt auf dem Blindholz eingeleimt, das Furnierteil aufgelegt und von der Mitte her nach den Seiten zu aufgerieben. Die überlappenden Kanten werden nicht festgedrückt, um sie später leichter abtrennen zu können.

Mit dem Furniermesser oder der Furniersäge wird entlang einem festgezwingten Stahllineal der eigentliche Fugenschnitt ausgeführt, der die beiden überlappenden Furniere bündig durchtrennt. Man löst nun den oberen sowie den darunterliegenden abgetrennten Streifen. Bei genauem Zuschnitt hat man jetzt eine dichte Fuge. Mit dem erwärmten Eisen werden nun die Fugen fest angedrückt und mit einem Furnierklebestreifen überklebt. Unter gleichmäßigem Druck muß die furnierte oder ausgebesserte Stelle abbinden. Hat der Leim an einigen Stellen nicht genügend gebunden, so kann man ihn punktweise nochmals erwärmen (immer mit einer Zwischenlage, um das Furnier nicht zu versengen) und erneut unter Druck abbinden lassen. Beim Verarbeiten von Warmleim kann man also Korrekturen vornehmen oder verleimte Teile wieder lösen, was bei Kalt- oder Weißleim nicht möglich ist.

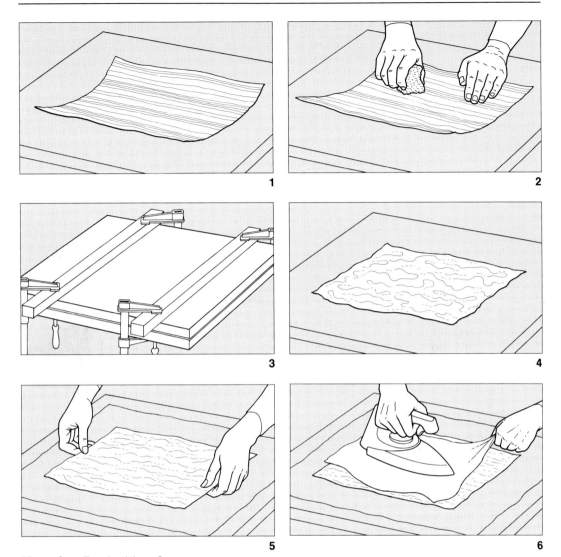

1 **2**

3 **4**

5 **6**

Verworfenes Furnier (1) muß vor der Verarbeitung leicht ange-feuchtet (2) und zwischen zwei Platten gepreßt werden (3).

Gewelltes Furnier (4) kann man auf Papier aufleimen (5) und dann mit dem warmen Bügel-eisen glätten (6).

Bei serienmäßigen Furnierarbeiten wird der Warmleim unter heizbaren Platten abgepreßt (Furnierpresse). Die hohlen Preß-platten erhitzt man mit heißem Dampf und kühlt sie nach dem Pressen durch Kaltwasser. Dabei bindet der Leim innerhalb von 15 bis 20 Minuten ab.

Früher hatte jede Schreinerwerkstatt dünne Zinkplatten ver-schiedener Größe. Diese wurden auf dem Ofen gleichmäßig erwärmt und auf die verleimte Fläche gebracht. Unter war-mem Druck bindet Knochenleim besser ab.

Verworfenes, gewelltes oder sprödes Furnier läßt sich nur schwer zuschneiden und bindet beim Verleimen nicht gleichmäßig mit dem Unterholz ab. Man muß es vor der Verarbeitung erst wieder glätten. Dazu wird das Furnier leicht angefeuchtet und zwischen zwei gleichgroßen Platten gepreßt. Auch kann man das gewellte Furnier auf Papier aufleimen und mit dem warmen Bügeleisen glätten.

Furnieren von Profilleisten

Das Aufleimen von Furnier an gerundeten, geschwungenen und profilierten Holzleisten muß beim Verzwingen mit passenden Gegenformen erfolgen, damit das verleimte Furnier exakt abbinden kann. Auf der einen Seite muß dieses Gegenstück die Negativform des zu verleimenden Holzteils zeigen, auf der anderen glatt sein, um die Zwinge fest ansetzen zu können. Es gibt verschiedene Möglichkeiten, sich diesen Preßklotz herzustellen. Man kann ihn entweder aus einem massiven Holzstück aussägen oder eine Negativform aus Gips anfertigen. Das entsprechende Profilteil wird zuerst dünn mit Fett (z. B. Vaseline) bestrichen, danach eine Verschalung an der betreffenden Stelle angebracht und schließlich mit Gips ausgefüllt. Statt aus Gips kann diese Negativform auch aus Gießharz (Epoxidharz) zubereitet werden. Allerdings muß man dann das Originalholzteil mit einer dünnen Plastilinschicht schützen.

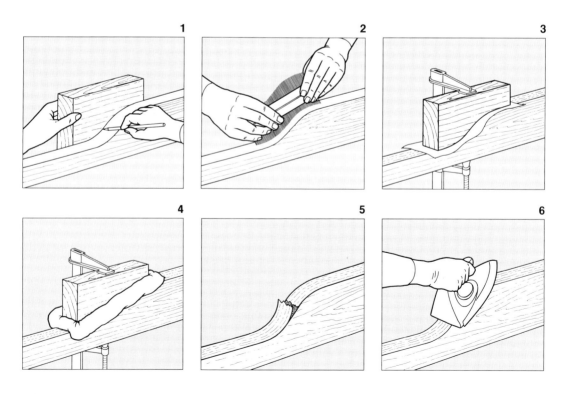

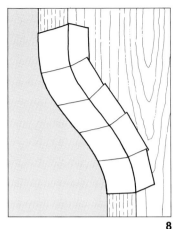

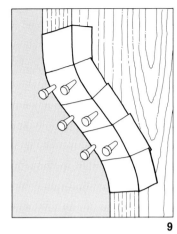

7   **8**   **9**

Furnieren von Profilleisten
*Mit Preßklotz: Die Profilform
wird entweder direkt (1) oder
mittels Profilabtaster (2) auf den
Preßklotz übertragen. Das auf-
zuleimende Furnier wird dann
zwischen Profilleiste und pas-
sendem Preßklotz verzwingt (3).
Mit der Sandsäckchen-Methode:
Mit einem erwärmten Sandsäckchen läßt man aufgeleimtes Furnier unter Druck abbinden (4).
Durch Aufbügeln: Haben sich
Furnierteile an einer Profilleiste
gelöst (5), bindet der noch
vorhandene Leim unter dem
erwärmten Bügeleisen eventuell
erneut ab (6).
Mit Furnierstiften: Abgeplatztes
Furnier wird wieder verleimt (7),
dann mit Tesakrepp (8) und mit
Furnierstiften (9) befestigt.*

Da verleimtes Furnier bei Wärme besser abbindet, kann man
auch mit der „Sandsäckchenmethode" unter Druck abbinden
lassen. Feiner Sand wird erhitzt, in ein Säckchen abgefüllt und
dem furnierten Profilteil aufgepreßt. Die Sandsäckchen dürfen
jedoch nicht zu heiß sein, sonst versengt das Furnier.

Haben sich einzelne Furnierteile an Rundungen und Profilen
nur gelöst, so wird man – vorausgesetzt, es handelt sich um
Warmleim – versuchen, die betreffenden Stellen wieder zu
erwärmen (mit dem Bügel- oder Furniereisen) und mit einem
Furnierhammer wieder festzureiben. Mit Sandsäckchen oder
entsprechend zubereitetem Formteil wird die Furnierstelle
dann mit Zwingen wieder aufgepreßt.

Eine recht einfache und effektive Möglichkeit, verleimtes
Furnier auf geschwungenen Formen oder unzugänglichen Partien zu befestigen, sind die Furnierstifte. Man setzt sie mit
leichtem Hammerschlag wie Nägelchen ziemlich dicht hintereinander und verwendet als Zwischenlage dünnen Filz oder
Karton. Vorher sollte das verleimte Furnierteil mit eng neben-
einandergeklebtem Tesakreppband befestigt werden.

Es sei hier nochmals betont, daß mit Verleimen immer die
Warmleimmethode gemeint ist. Die Möglichkeit, den Leim
durch Erwärmen wieder lösen oder korrigieren zu können,
macht ihn gerade bei Furnierarbeiten besonders wichtig
(s. auch Seite 23).

Das Einleimen kleiner Intarsienteilchen kann in manchen
Fällen auch mit einem auf einmaligen Druck sofort abbinden-
den Kleber vorgenommen werden. Jedoch ist der Halt nicht
von Dauer. Kunststoffkleber „ermüden" nach einigen Jahren,
d. h. sie verlieren ihre Klebekraft.

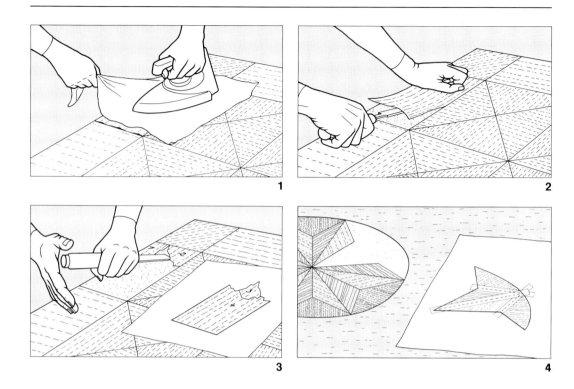

1   2

3   4

Altes Furnier ablösen

Grundsätzlich soll bei der Restaurierung furnierter Oberflächen nur dort Furnier abgelöst werden, wo dieses nicht mehr saniert werden kann, das Blindholz restauriert werden muß, oder wo Furnierteile sich so weit gelöst haben, daß neu verleimt werden muß.

Gelöste Partien in der furnierten oder intarsierten Oberfläche lassen sich erkennen, indem man mit der Hand leicht über die Oberfläche streicht und an den kritischen Stellen ein „Rascheln", ein hohles Geräusch wahrnimmt. Der Fachmann nennt diese Erhebungen „Kürschner".

Haben sich größere Flächen gelöst oder ist eine umfassende Sanierung des Unterholzes notwendig, muß das Furnier abgehoben werden. Bei Möbeln aus der Zeit vor oder bis zur Jahrhundertwende kann man – soweit sie sich noch im Originalzustand befinden – mit einem löslichen Warmleim rechnen. Mit Kunstharz verleimtes Furnier kann nicht mehr abgenommen und wiederverwendet werden. Dünnes Furnier, auf Weichholz verleimt, läßt sich – selbst bei Knochenleim – nur schwer lösen. Beim Ablösen intarsierter Flächen muß man damit rechnen, daß feinteilige Partien zerbrechen und neu gearbeitet werden müssen.

Wie der zu „lösende" Fall sich auch präsentiert, verleimtes Furnier abzunehmen ist immer eine schwierige Aufgabe in der Oberflächensanierung.

Arbeitsweise: Haftet der Leim nur noch schwach, kann das Furnier „trocken" abgenommen werden. Mit einer langen, abgerundeten und biegsamen Stahlklinge fährt man unter das Furnier und hebt es vorsichtig ab.

Sitzt das Furnier stellenweise noch sehr fest und löst sich nicht ohne weiteres ab, muß die betreffende Partie bei mittlerer Hitze mit einem Furnier- oder Bügeleisen erwärmt werden. Zwischen Furnier und Eisen legt man ein feuchtes Tuch, um ein Ansengen zu vermeiden. Möglicherweise muß diese Prozedur mehrmals erfolgen, bis man mit der Stahlklinge das Furnier an- oder abheben kann. Bei mehreren abgehobenen Furnierteilen werden diese numeriert, um Verwechslungen beim späteren Einleimen zu vermeiden.

Abgenommene Intarsienteile hält man zum Wiedereinleimen mit Fugenleimpapier zusammen. Hat sich das Furnier nach dem Abnehmen verzogen, muß es unter Druck geglättet werden, bevor es neu verleimt wird.

Wird Furnier von Säulen oder sonstigen Rundungen gelöst, sollte es bis zum Wiederaufleimen auf eine provisorische Form mit ähnlicher Rundung geheftet werden, um seine Wölbung beizubehalten. Eine eventuell noch vorhandene Oberflächenbehandlung auf dem zu lösenden Furnier wird vor dem Erwärmen entfernt (damit Feuchtigkeit und Wärme besser in das Furnier eindringen können).

In einigen Fällen kann alter Leim auch mittels Alkohol gelöst werden. Man gibt diesen mit einer Injektionsspritze unter das Furnier.

Furnierschäden

Furnierschäden können verschiedene Ursachen haben:

■ Hitze, Wasser oder äußere Beschädigung.
■ Alte oder schlechte Verleimung bindet Blindholz und Furnier nicht mehr fest zusammen. Das Furnier wölbt sich erst als Blase und platzt dann auf.
■ Das Blindholz arbeitet stark, reißt auf und läßt auch das darüberliegende Furnier reißen.

Blasen

Blasen im Furnier: Durch Feuchtigkeit oder Hitze hat sich das Furnier vom Blindholz gelöst (1). Das gewölbte Furnier wird mit einem Bügeleisen erwärmt (2), um den noch vorhandenen Leim dann unter Druck (3) wieder abbinden zu lassen. Ist es notwendig, neu zu verleimen, wird die Wölbung aufgeschnitten (4), das Blindholz von alten Leimresten befreit (5) und mit einer Leimspritze Leim unter das Furnier gegeben (6). Er muß unter Druck abbinden.

Durch Feuchtigkeit, Hitze oder andere Einwirkungen hat sich das Furnier vom Blindholz gelöst. Man kann die „Blasen" entweder sehen oder am hohlen Geräusch erkennen, wenn man mit der Hand über die entsprechenden Stellen streicht. Sie müssen unbedingt neu verleimt werden, wenn man eine weitere Ausbreitung vermeiden will. Auch hier wird sich die Verleimung mit Knochen-, also Warmleim, als Vorteil erweisen. Zuerst wird man versuchen, den noch unter dem Furnier vorhandenen Leim mit Wärme wieder abbinden zu lassen. Dies geschieht entweder durch vorsichtiges, kreisförmiges Schleifen der betroffenen Stelle mit feinem Sandpapier – beim Schleifen entsteht Wärme –, oder das gewölbte Furnier wird mit einem Furnier- oder Bügeleisen erwärmt. Gleich nach dem Schleifen oder Erwärmen muß die betreffende Stelle unter Druck mit einem erwärmten Holzklotz abbinden. Zeigen diese Maßnahmen keinen Erfolg, so muß neu verleimt werden. Man muß sich dann entschließen, das Furnier in Faserrichtung einzuschneiden, das darunterliegende Blindholz von alten Leimresten zu säubern, neuen Leim einzugeben und unter erwärmtem Bügel- oder Furniereisen (Zwischenlage Papier nicht vergessen) zu pressen. Nach all diesen Maßnahmen muß mit einer Erneuerung der Politur gerechnet werden.

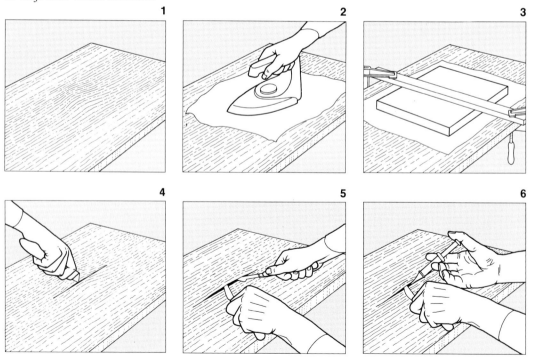

42

Risse

Zeigt sich ein langer Riß im Furnier, so kann man davon ausgehen, daß das Unterholz gerissen ist. Je nach Qualität des Möbels, Furnierstärke und Beschaffenheit des Blindholzes wird man entscheiden, ob das Furnier abgenommen werden muß, um das Blindholz zu sanieren, oder ob man den Furnierriß bis in das Blindholz ausspant.

Arbeitsweise: Man hebt das Furnier vorsichtig ab, saniert das Blindholz und leimt das alte Furnier wieder auf. Ist es trotz aller Vorsichtsmaßnahmen doch zu Furnierbruch gekommen, müssen einzelne Partien ergänzt und eingepaßt werden.

Am unauffälligsten wird die Restaurierung gelingen, wenn man den unregelmäßig aufgerissenen Bruch so ausbessert, wie er sich präsentiert. Man löst das Furnier also nicht ab, sondern spant den Riß aus. Dazu schneidet man einige entsprechend lange Furnierstreifen in der Breite so zu, daß sie den Riß ausfüllen und noch etwa 1 cm überstehen. Die Furnierstreifen sollten aus dem gleichen Holz sein wie die furnierte Oberfläche. Falls die gewünschte Sorte nicht vorhanden ist, wählt man Furnier, das in Struktur und Farbe dem Originalfurnier gleichkommt. Niemals dunkleres Ersatzfurnier verwenden, sondern helleres, das beigefärbt wird. Dies gilt übrigens für alle Furnierrestaurierungen. Die Furnierstreifen werden nebeneinander

Risse im Furnier: Zeigt sich ein langer Riß im Furnier, ist oft auch das Unterholz gerissen (1). Um den Riß auszuspanen, schneidet man einige entsprechend lange Furnierstreifen zu (2). Die Streifen werden gegenseitig verleimt (3) und so in den offenen Riß eingepaßt, daß sie etwa 1 cm überstehen (4). Nach Abtrocknen des Leims werden die überstehenden Streifen bündig abgestemmt (5) und die Rißstelle fein beigeschliffen (6).

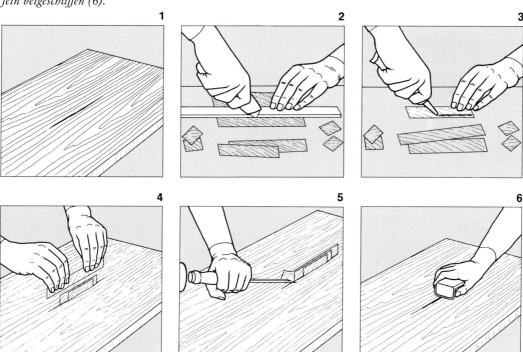

1   2   3

4   5   6

in den Riß eingepaßt und verleimt, so daß der Riß satt ausgefüllt ist. Wenn der Leim abgebunden hat, werden sie bündig beigestemmt, dann feingeschliffen. Danach wird die Oberflächenbehandlung erneuert.

Löcher

Löcher im Furnier: Ist im Bereich einer lebhaften Maserung Furnier ausgebrochen (1), wird die Schadstelle zunächst begradigt (2), dann die Form der Schadstelle mit dem Finger auf Pergamentpapier abgedrückt (3). Das Papier mit dem Abdruck wird auf das Ersatzfurnier gelegt und dieses, der Abdruckform folgend, in einem Schnitt durchtrennt (4). Das Ersatzstück wird in die Schadstelle eingepaßt (5) und unter Druck verleimt (6).

Durch Feuchtigkeit, Hitze oder Beschädigungen kann Furnier aufreißen oder aufplatzen. Auch im Bereich einer lebhaften Wurzelmaserung kann Furnier aufbrechen. Sind die Bruchstücke noch vorhanden, säubert man Blindholz und Unterseite des Furniers von alten Leimresten und verleimt neu. Viel zu oft aber sind die Furnierstücke nicht mehr vorhanden, und neues Furnier muß zugeschnitten werden.

Das Ersatzfurnier sollte dem Original in Farbe, Stärke und Struktur so ähnlich wie möglich sein. Gerade das wird häufig zum Problem, wenn man nicht aus einem guten Vorrat von altem Holz schöpfen kann. Was den Farbton betrifft, so kann man durchaus ein helleres Furnier wählen und durch geschicktes Beifärben angleichen. Muß man mit einem Ersatzfurnier arbeiten, das eine geringere Stärke hat als das Original, so kann man entweder den Untergrund, also das Blindholz, mit einer gleichmäßigen Schicht Holzkitt erhöhen, oder das Ersatzfurnier wird mit einem Unterfurnier verstärkt.

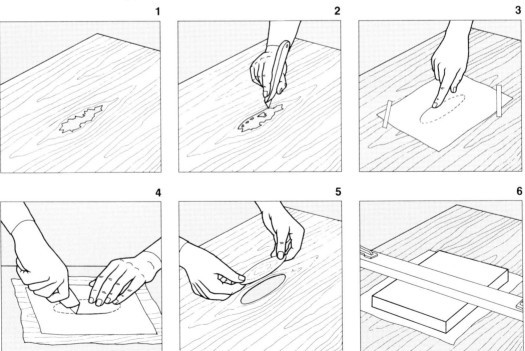

44

Furnier sollte so unauffällig wie möglich ausgebessert werden. Allerdings – unsichtbar kann die Restaurierung nie werden, das gelingt selbst einem erfahrenen Restaurator nicht.

Arbeitsweise: Wenn das Furnier sehr unregelmäßig ausgebrochen ist, muß man die Bruchstelle ein wenig begradigen, um den Zuschnitt des Ersatzstückes zu vereinfachen. Mit dem Furniermesser wird das ausgerissene Loch etwas vergrößert. Man folgt dabei so harmonisch wie möglich dem Maserlauf. Gerade Schnitte quer zur Faser sind zu vermeiden.

Um das Einsatzstück genau passend zuschneiden zu können, gibt es, wie immer, verschiedene Möglichkeiten:

■ Man begradigt oder vergrößert die ausgebrochene Stelle in einem Schnitt mit dem darübergelegten Ersatzfurnier. Das Messer muß beim Schnitt genau senkrecht geführt werden, um offene Fugen beim Einpassen zu vermeiden.

■ Sehr genau kann man das Loch auf das Ersatzfurnier übertragen, indem man einen Abdruck macht. Zu diesem Zweck werden die Ränder der Vertiefung mit einem Kohlestift geschwärzt, ein weißes Papier aufgelegt und die Form übertragen, indem man mit dem Zeigefinger über den Rand fährt. Auch kann man mittels Kohlepapier und Durchschlagpapier den Umriß mit dem Finger abdrücken.

■ Das Papier mit dem Umriß wird auf das Ersatzfurnier geleimt und entlang der vorgezeichneten Form ausgesägt oder geschnitten. Beim Schnitt mit dem Messer oder der Furniersäge ist auf den konischen Schnittverlauf zu achten.

Das Blindholz innerhalb der Beschädigung wird gesäubert, eventuell mit Holzkitt ausgefüllt. Vor dem Einleimen muß das Ersatzstück eingepaßt werden. Bei genauem Sitz wird verleimt – beide Flächen, Blindholz und Unterseite Furnier – und mit einem erwärmten Holzblock, Zwischenlage Papier, abgepreßt.

Intarsie

Aus der Kenntnis der Furnierherstellung hat sich die Kunst der Intarsienarbeit entwickelt. Man erkannte rasch die vielfältigen Möglichkeiten einer abwechslungsreich gestalteten Oberfläche, indem man durch mosaikartiges Aufleimen verschiedene Muster und Ornamente auf das Holz brachte.

Wie auch schon bei vorausgegangenen Veränderungen oder Stilimpulsen, ist die Intarsie eine Renaissance-Mode aus Oberitalien (Toskana). Durch wandernde Handwerksburschen gelangte sie über Tirol und die Schweiz nach Süddeutschland, später auch Norddeutschland. Ihre Blütezeit erlebt die Intarsienkunst im 17. Jahrhundert. Bis ins ausgehende 18. Jahrhundert bleibt sie die wichtigste Verzierungstechnik in der Holzoberflächengestaltung.

Entdeckungen, neue Seefahrtswege und eine ausgeprägte Kolonialpolitik lassen bis dahin unbekannte Hölzer auf den europäischen Markt gelangen. Bunte und exotische Furniere beleben die intarsierte Oberfläche. Kaum eine Stelle am Möbel – gliedernde und konstruktive Teile, Säulen und Kapitelle –, die nicht eingelegt, d. h. mit Intarsien geschmückt wird. Alle Kunstschreiner schwelgen in schier unbegrenzten Möglichkeiten, Furniere zu färben, zu schattieren, zu brennen, mit holzfremden Materialien wie Zinn, Messing, Elfenbein, Schildpatt (oft mit rotem Papier unterlegt) zu kombinieren und zu den effektvollsten Bildern zu verarbeiten.

Die Intarsienkunst umfaßt sowohl ornamentale Ausdrucksformen als auch bildhafte Darstellungen. Während in der ornamentalen Gestaltung vielfach nur zwei Holzarten verwendet wurden (hell/dunkel), bediente man sich bei der bildhaften Gestaltung möglichst verschiedenartiger, verschiedenfarbiger Hölzer. Eine weitere Verfeinerung des Zuschnitts ergab sich durch die Anwendung der Laubsäge, die mit feinem Sägeblatt filigranste Arbeiten ermöglichte.

Mit der Gestaltung von Intarsienbildern versuchten die Künstler, Wirkungen wie in der Malerei zu erzielen. Perspektiven, plastische Effekte, feinste Details wurden eingraviert oder schattiert. Maserungen und Strukturen des Holzes wurden nebensächlich. Farbig und abwechslungsreich sollte die Oberfläche sein.

Marketerie

Im Spätbarock oder Rokoko taucht immer wieder der Begriff „Marketerie" auf. Es muß aber ab dem 16. Jahrhundert zwischen „reiner Intarsie" und „Marketerie" unterschieden werden. Bei der reinen Intarsie werden Muster aus Holz sowie holzfremden Materialien (Elfenbein, Perlmutt u. a.), natürlich oder gefärbt, in das entsprechend ausgehobene Massivholz des Möbels eingelegt. Häufig sind diese Einlagen graviert oder gestochen. Man spricht dann von gestochener Intarsie.

Bei der Marketerie (franz.: marqueter = tüpfeln, bunt bemalen) werden die Muster mosaikartig, heute würde man sagen puzzleartig, aus verschiedenen Formelementen und unterschiedlichen, aber gleichstarken Furnieren erst zusammengesetzt und dann, als fertiges „Bild", dem Blindholz aufgeleimt.

Nicht immer lassen sich die beiden Begriffe Intarsie und Marketerie voneinander trennen. Wir bleiben hier bei dem Oberbegriff Intarsie.

Verschiedene Zuschnitte

Kernintarsie (auch Massivintarsie). Die älteste Form der Einlegearbeit geht auf das Mittelalter zurück und entspringt dem Handwerk der Schnitzer. Kleine Stückchen Edelholz werden in die vorher entsprechend ausgestemmte oder mit dem Schnitzmesser ausgearbeitete Massivholzplatte eingeleimt. Es entstehen geometrische, geradlinige Motive. Die eingelegten Holzteile haben eine Stärke von mindestens 4 mm.

Sägeintarsie. Mit Aufkommen der Laubsäge im 16. Jahrhundert ergaben sich neue Möglichkeiten, Furniere feinst und vielfältig geschwungen auszusägen. Das Aussägen von zwei oder mehreren aufeinandergeleimten Furnierblättern in einem Arbeitsgang ergab wiederum eine neue und bald sehr beliebte Art der Gestaltung, die „claire-obscure"-Technik.

Messerintarsie. Eine weitere Bereicherung in der Gestaltung erfuhr die Intarsienarbeit, als es maschinell möglich wurde, Furnier immer dünner aufzusägen. Die Furnierstärke lag nun bei 2 bis 3 mm. Intarsien wurden jetzt auch mit dem Messer ausgeschnitten und in zusammenhängenden Formen dem Blindholz aufgeleimt. Der Messerschnitt bedingt, im Gegensatz zur Sägeintarsie, eine gewisse Geradlinigkeit, Klarheit und Großflächigkeit der Formgestaltung.

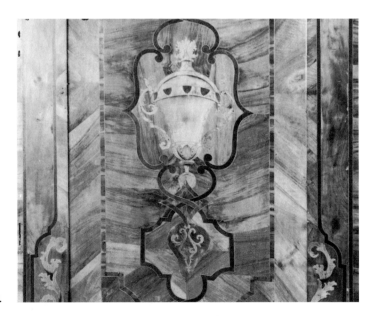

Geheimes Archiv (Ottobeuren, Benediktinerabtei). Ausschnitt der Wandvertäfelung (s. Seite 49).

Abb. Seite 48
Ovaler Ziertisch, Worms, 1754
(Berchtesgaden, Schloß).
Nußbaummaser mit Mahagoni,
Ahorn und Ebenholz, Einlagen
aus Elfenbein, Messing und
Perlmutt.

Platte eines Spieltischs, Würz-
burg, um 1770 (Berchtesgaden,
Schloß). Nußbaum mit Maha-
goni und anderen, hellen, zum
Teil gefärbten und gebrannten
Hölzern.

Geheimes Archiv (Ottobeuren,
Benediktinerabtei). Nußbaum-
furnier mit Intarsien aus Ahorn,
Birkenmaser, Pflaume und
Mahagoni.

Werkzeuge

Zur sicheren Schnittführung benutzte man früher beim Furnierschneiden das Schultermesser.

Die Arbeit mit Furnieren und Intarsien verlangt einige Werkzeuge und Hilfsmittel, die in der herkömmlich eingerichteten Werkstatt nicht immer vorhanden sind.

Im Gegensatz zu den sonst üblichen Werkstattbedingungen, sollten Furnierhölzer in etwas feuchter Umgebung gelagert werden. Trockenes und sprödes Furnier neigt zum Reißen und läßt sich nur unbefriedigend verarbeiten.

Furniersäge. Das auswechselbare Blatt mit flach gerundeten Zahnspitzlinien ist sehr kurz. Die Säge wird auf „Zug" geführt. Sie unterscheidet sich dadurch von den meisten anderen Sägen, die auf „Stoß" oder „Zug" arbeiten.

Die Zähne einer Furniersäge werden nicht geschränkt, sondern durch Schleifen dünn gehalten, damit sie beim Eindringen in die Furnierfaser diese nicht zerreißen, sondern zerschneiden. Beim Zuschnitt wird das Furnier einseitig leicht schräg gedrückt. Diese keilförmige Seite wird beim Einsetzen immer nach unten, also gegen das Blindholz, verleimt. Man erhält dadurch eine bessere Fugendichte.

Laubsäge. Feinste Arbeit in der Geraden und in jeder gewünschten Rundung erreicht man mit der Laubsäge. Mit einem etwas kräftigeren Blatt kann man mehrere Furnierblätter auf einmal zusägen, mit feinstem Blatt werden zierliche Schnörkel, Figuren, Blätter, Blumen und Ornamente ausgesägt.

Hilfreich für die Arbeit mit der Laubsäge ist die Unterlage eines Sägebrettes. Eingespannt in die Hobelbank, ermöglicht es die sichere Führung der Laubsäge. Das Sägebrett ist aus einem 1,5 bis 2 cm starken Holzbrett leicht selbst herzustellen.

Tischsäge. Die Tisch(kreis)säge mit feinem Blatt wird bei serienmäßigem Zuschnitt von Furnier verwendet. Mehrere Furnierblätter werden mit einem Schnitt durchtrennt.

Furniermesser. Dünnes Furnier (1 mm und weniger) wird heutzutage mit dem Messer geschnitten („Messertechnik"). Verschiedene Messerformen sind zum Furnierschnitt geeignet. Furniermesser: Der geradlinige Rücken der Klinge und die schrägliegende Schneide ermöglichen sichere Schnittführung. Die Klinge muß ab und zu an dem Schleifstein (feine Körnung) nachgeschliffen werden.

Universalmesser (sogenannte Teppichmesser): Sind ebenfalls geeignet. Hier wird die im Schaft steckende Klinge ab und zu nachgeschoben.

Schultermesser: Mit dieser Art Messer arbeitete man vor allem früher. Der lange, geschwungene Holzgriff wird auf die Schulter gestützt und ermöglicht so einen ruhigen, sicheren Schnitt, besonders bei geschwungenen Formen. Man benutzte dieses Messer auch zum Gravieren und Verzieren von Figuren und Darstellungen der Intarsie. Die eingeschnittenen Zierlinien wurden mit dunklem Kitt ausgefüllt („abschattiert").

Hohleisen. Zum Gravieren der Intarsie benutzt man das Hohleisen, das aus dem Messersatz des Bildhauers kommt.

Furniereisen. Zum Ablösen von alten Furnierteilen wird das erwärmte Furniereisen auf das Furnier gelegt. Mit einer dünnen Stahlklinge (eventuell auch einem alten Messer) wird es angehoben.

Furnierhammer. Furnier wird unterseitig mit Warmleim eingestrichen und auf das Holz aufgerieben. Dazu wird ein besonderer Furnierhammer mit einer breiten Finne benutzt.

Hilfsmittel

Für das Aufbringen der Intarsie sowie für die Endbearbeitung sind verschiedene Hilfsmittel erforderlich.

Spachtelchen. Ein gekröpftes, biegsames Spachtelchen ist immer wieder erforderlich, beispielsweise zum Auskitten eventueller Fugen zwischen den eingesetzten Intarsien. Oder um gelöstes Furnier anzuheben und mit dem Spachtelchen Leim auf das gesäuberte Blindholz zu verteilen. Auch Schmutz und alte Leimreste können mit dem Spachtelchen vom Blindholz gekratzt werden. Am besten, man hat ein kleines Sortiment verschiedener Kleinstspachtelchen oder Messerchen (ausrangiertes Zahnarztwerkzeug).

Altes Messer. Ein Messer mit langer, biegsamer Klinge (eventuell ein altes Küchenmesser) ist sehr hilfreich beim Trennen von Doppelblattfurnieren.

Furnierstifte. Falls entsprechende Zwingen beim Verleimen von Intarsien nicht einsetzbar sind, wird das Furnier mit Furnierstiften befestigt. Die dadurch entstehenden kleinen Einstiche schleifen sich später zu.

Sandsäckchen. Beim Verleimen von Furnier auf geschwungenen Formen ist das Ansetzen der Zwingen oft problematisch. Hier kann man Sandsäckchen zwischen Furnier und Zwinge setzen. Dadurch entsteht ein besserer Halt, und die Zwinge kann kräftig zugedreht werden. Beim Warmleimen wird man

1

2

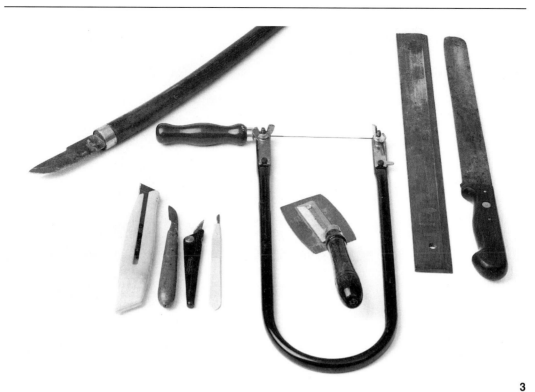

3

*Von links: Furnierklebeband,
Furnierhammer, Tesakrepp,
verschiedene Preßklötze,
Zwingen (1).*

*Von links: Verschiedene Kerb-
und Schnitzmesser, Spachtelchen,
Pinsel (2).*

*Von links: Schultermesser,
verschiedene Furniermesser, Laubsäge, Furniersäge, Stahllineal,
großes biegsames Messer (3).*

mit erwärmten Sandsäckchen arbeiten, der Leim bindet dann
besser ab.

Filzplatten. Beim Verleimen verschieden starker Furnierstücke
gleicht man Unterschiede mit dünneren Filzunterlagen aus,
die man unter die Zwingen legt.

Furnierklebeband (auch Fugenleimpapier genannt). Das Zu-
sammenkleben der Furnierteile bzw. das Einleimen der Intarsien geschieht mit einseitig gummiertem Furnierklebeband.
Das Papier sollte möglichst dünn, ungelocht (es gibt auch Aus-
führungen mit Löchern, ähnlich Lochstreifen), leicht transparent und etwa 15 bis 20 mm breit sein.

Tesakreppband. Bevor man eingeleimte Furnierteilchen oder
Intarsien verzwingt, kann man ihnen mit Tesakreppband Halt
geben, so daß sie beim Verzwingen nicht mehr verrutschen.

Transparent- und Pauspapier. Beim Übertragen von Formen
auf das Furnier sehr hilfreich.

Metallschiene. Bei geradlinigem Schnitt wird das Messer an
einer Metallschiene entlanggeführt. Sie muß kräftig sein und
fest aufliegen.

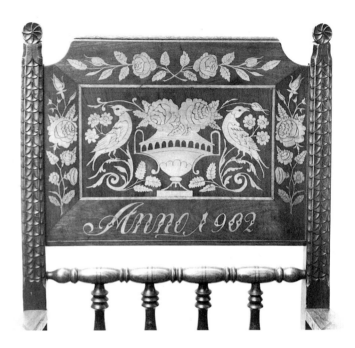

Stuhl, Vierlande. Rückenlehne
(Eiche) intarsiert mit Ahorn,
Nußbaum, Mahagoni.

Intarsien sägen oder schneiden

Laubsäge

Wie schon erwähnt, konnte man seit Aufkommen der Laubsäge Intarsien in bis dahin nicht gekannter feinster Ausführung zusägen. Auch wurde es jetzt möglich, mehrere Furnierblätter in einem Arbeitsgang aufzusägen. Daraus ergab sich alsbald die sogenannte

Gesägte Doppelblattechnik. Zwei (eventuell auch mehrere) gleichgroße, verschiedenfarbige Furnierblätter (z. B. Ahorn, Mahagoni) werden aufeinandergeleimt, die aufgezeichneten Figuren oder Ornamente ausgesägt und wechselseitig in die freien Furnierfelder wieder eingesetzt. Man nennt dieses Verfahren „contrepartie" oder „claire-obscure"-Technik.

Arbeitsweise: Zwei gleichgroße, aber verschiedenfarbige (hell/dunkel) Furnierteile beklebt man jeweils einseitig mit Fugenleimpapier, dicht nebeneinandergesetzt. Auch ein Stück Zeitungspapier oder anderes dünnes Papier kann aufgeleimt werden. Papierseite jeweils nach oben, werden beide Furnierteile – gerade so, daß sie beim Sägen nicht verrutschen – leicht aufeinandergeleimt. Man nimmt dazu ebenfalls eine leichte Leimlösung. Auch verdünntes Ponal oder Capaplex (die sogenannte Schußlasur bei Malern) kann verwendet werden. Bei

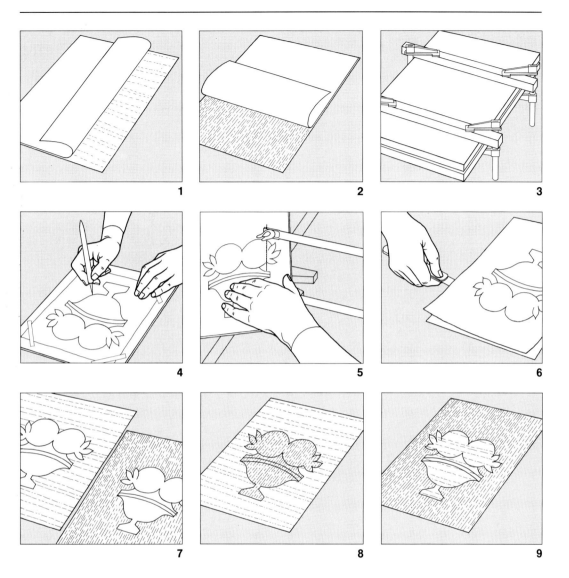

Gesägte Doppelblattechnik: Zwei gleichgroße, aber verschiedenfarbige Furnierteile beklebt man einseitig mit dünnem Papier (1 und 2). Dann werden, mit der Papierseite jeweils nach oben, beide Furnierteile leicht gegeneinandergeleimt; sie müssen unter Druck abtrocknen (3). Nun wird die gewünschte Zeichnung auf das Furnier übertragen (4) und mit der Laubsäge ausgesägt (5). Mit einem Messer trennt man die aufeinandergeleimten Furnierblätter wieder (6). In die freien Felder der ausgesägten Furnierblätter werden die Motive eingefügt, und zwar die dunkle Figur in das helle Teil (8), die helle Figur in das dunkle Furnier (9), dann rückseitig mit Fugenleimpapier verklebt.

sehr faserigem, sprödem Furnier kann man sogar die Unterseite des Furniers einleimen oder noch ein Blindfurnier anbringen, um sicherzugehen, daß es beim Sägen nicht reißt. Das Aufbringen von Fugenleimstreifen oder Papier ergibt einerseits beim Aufsägen mehr Halt, zum anderen kann das auszusägende Motiv auf Papier besser aufgezeichnet werden als direkt auf das Furnier.

Die nicht gegenverleimten Furnierteile sollen unter Druck zwischen zwei gleichgroßen Platten (Sperrholz, Preßspan) abtrocknen. Achtung: Zwischen beklebtes Furnier und Preßplatten Folie legen!

Nach entsprechender Trockenzeit kann die gewünschte Zeichnung auf das beklebte Furnier übertragen werden. Mit der Laubsäge (feinstes Blatt) wird die Zeichnung ausgesägt. Mit einem Messer trennt man dann die aufeinandergeleimten Furnierblätter auseinander. Die ausgesägten hellen Furnierteile werden in die freien Felder des dunklen Furniers eingefügt, und umgekehrt, und mit Fugenleimpapier verklebt; man hat jetzt eine Negativ- und Positivintarsie.

Mit dieser Technik kann man auch mehr als zwei Furnierblätter aussägen, um identische Hell/Dunkel-Intarsien zu erhalten. Allerdings setzt dies viel Übung voraus, da das Sägen mehrerer Furniere schwierig ist und die Fugen beim Zusammensetzen ungenauer ausfallen.

Bei der Doppelblattechnik kann auch Furnier mit holzfremdem Material verarbeitet werden. So waren z. B. die Boulle-Möbel im 18. Jahrhundert berühmt für ihre Metallintarsien aus Silber, Kupfer und Messing.

Schneiden

Im Laufe der Jahre und mit fortschreitender Technik wurden Furniere immer sparsamer und dünner zugeschnitten, und so ist man heute bei einer Stärke von nur 0,5 mm und weniger angekommen. Furniere dieser Stärke lassen sich besser mit dem Messer als mit der Laubsäge zuschneiden. So wie die Laubsägetechnik besonders feingliedrige Motive ermöglicht, ergeben sich beim Messerschnitt eher großkurvige oder geradlinige Formen.

Arbeitsweise: Die auf das Furnier aufgezeichnete Form wird mit dem Furniermesser ausgeschnitten, indem man es wie einen Bleistift hält. Mit der ganzen Faust führt man das Messer nur bei grobem Zuschnitt. Um zu vermeiden, daß sehr dünnes, sprödes Furnier beim Schneiden reißt, kann man es – wie beim Doppelblattverfahren – vorher dicht mit Fugenleimpapier bekleben, die Form aufzeichnen und dann ausschneiden.

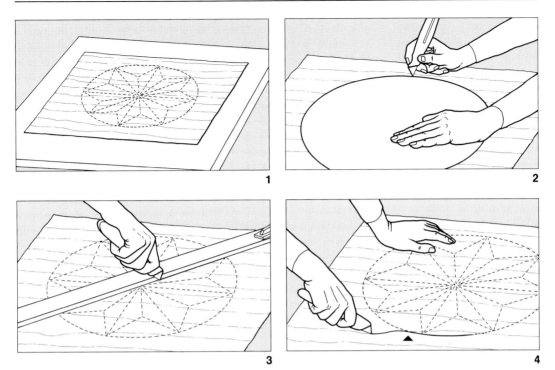

1
2
3
4

Messerschnitt: Die gewünschte Form wird auf das Furnier übertragen (1); bei geschwungenen Formen kann man eine Schablone aus Pappe zu Hilfe nehmen (2), bei geraden Linien wird das Messer an einem Stahllineal entlanggezogen (3). Starkes Furnier wird mit mehreren leichten Schnitten durchtrennt, weil sonst das Messer leicht in der Faser „verläuft" (4).

Geschwungene Formen werden beim Messerschnitt aus der freien Hand geschnitten. Bei geraden Linien wird das Messer an einem Stahllineal entlanggezogen. Bei dem freihändigen Schnitt liegen Hand und eventuell auch Unterarm fest auf. Man kann bei geschwungenen Formen aber auch eine Schablone aus mittelstarker Pappe anfertigen und anlegen, um mit dem Messer daran entlangschneiden zu können. Das Messer wird beim Schneiden senkrecht geführt und darf auf keinen Fall seitlich geneigt werden, da sonst beim Zusammensetzen offene Fugen bleiben.

Furnier wird mit mehreren leichten Schnitten durchtrennt. Nie sollte man versuchen, das Holz mit einem kräftigen Schnitt zu durchschneiden, da sonst das Messer „in der Faser verläuft", d. h. in die Faser abgleitet und nicht in der vorgezeichneten Form verbleibt. Der günstigste Schnittverlauf ist mit der Faser (also nicht quer zur Faser). Das Messer liegt dabei schräg zur Holzfaser – Faserverlauf bedeutet Wuchsrichtung. Dies ist besonders bei grobporigen, harten Hölzern zu beachten. Je feinporiger und regelmäßiger die Wuchsform eines Holzes ist, um so leichter läßt sich das Furnier zuschneiden.

Bei spitzwinkeligen Formen oder Figuren sind die Ecken sehr bruchempfindlich. Man schneidet dann besser von den Enden

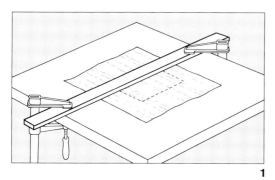

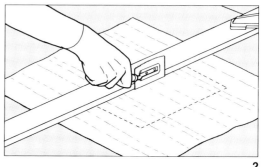

1   2

Furniersäge: Das Furnier und die Führungsschiene werden mit Hilfe von Zwingen festgespannt (1), so daß die Furniersäge dann an der Schiene entlanggezogen werden kann (2).

Furniersäge

oder Außenkanten zur Mitte hin – selbst wenn dabei die Regel „Schnitt mit Faserverlauf" außer acht gelassen werden muß.

Bei geraden Schnitten kann man außer dem Furniermesser auch die Furniersäge anwenden. Alle Regeln des Faserverlaufs beim Zuschnitt sind auch hier zu beachten. Das betreffende Furnier wird mit einer Zwinge und einer Führungsschiene fest auf eine Unterlage gespannt, um ein Ausreißen beim Zuschnitt zu vermeiden. Die Furniersäge wird senkrecht an der Schiene entlanggezogen und durchtrennt so – je nach Furnierstärke in mehreren Schnitten – das Furnier.
Die Furniersäge arbeitet „auf Zug", wie der Schreiner sagt, und nicht, wie die meisten anderen Sägen, auf Zug oder Stoß.

Intarsien ausbessern

Fugenpaßgenauigkeit

Je sorgfältiger Intarsien, Furnierausbesserungen oder große Furnierteile zugeschnitten werden, um so dichter und lückenloser können die einzelnen Teile zusammengesetzt, ein- oder aufgeleimt werden. Sind die Fugen beim Einsetzen sehr auffällig, wird man das eine oder andere Teil noch einmal nacharbeiten müssen; manchmal werden Ungenauigkeiten aber erst nach dem Einleimen deutlich, und es bleibt nur noch die Korrektur an Ort und Stelle. Je nachdem, wie die offene oder fehlerhafte Fuge verläuft, kann man verschiedene Korrekturen ausführen: Mit der Maser verlaufende Fugen (Langholzfugen) werden mit einem Furnierstreifen ausgespant. Bei schräg zur

Fugenpaßgenauigkeit: Manchmal bleibt nur die Korrektur am bereits eingeleimten Furnier.

Durch feine Querschnitte beispielsweise kann die noch offene Fuge etwas ausquellen.

Maser verlaufenden offenen Ansatzfugen sollte man nicht ausspanen, sondern mit mehreren kleinen Querschnitten über die Fuge dem Furnier Platz zum Ausdehnen geben. Die Feuchtigkeit des Leims oder etwas aufgetupftes Wasser lassen das Furnier meist quellen. Immer bleibt die Möglichkeit, eine Fuge mit Schellack, Wachs oder Kitt auszufüllen.

Ausgebrochene Intarsien

Beim Ausbessern einer beschädigten Intarsie überträgt man die offenen Formen auf Ersatzfurnier. Es soll also genau und dem Intarsienbild entsprechend ausgebessert werden. Fehlen auch Teile des Furnierfonds, so sind wahrscheinlich die Konturen der beschädigten Intarsie nicht mehr deutlich auszumachen. Hier muß im Sinne der Gesamtintarsie jede Form frei ergänzt werden.

Bei sehr alten intarsierten Flächen wird man noch handgesägtes Furnier vorfinden, mit einer Stärke von 3 bis 4 mm. Passendes Ausbesserungsfurnier wird schwierig zu finden sein. Aber auch heute gibt es über kleine Betriebe noch die Möglichkeit, Laubholz in verschiedenen Stärken aufsägen zu lassen. Furnierbetriebe, in denen man alle möglichen Sorten Furnier in verschiedenen Stärken bestellen kann, gibt es noch vereinzelt. Auch kann man Furnier mit Unterfurnier aufdoppeln oder das Blindholz mit Holzkitt auffüttern. Manche Restauratoren nehmen Furnier an wenig sichtbaren Stellen des betreffenden Möbels ab, um damit auf der Schauseite auszubessern.

Die auszubessernden Formen werden auf das Ersatzfurnier, wie beschrieben, übertragen und mit dem Messer oder der Laubsäge ausgearbeitet. Sind mehrere gleiche Figuren herzustellen, kann man auch in der Doppelblattechnik arbeiten. Sollen die Ergänzungsstücke in eine farbig angelegte Intarsie eingepaßt werden, so muß jetzt, also vor dem Einleimen, gefärbt oder gebrannt werden. Eventuelles Schattieren wird nach dem Verleimen und möglichst auch nach dem Grundpolieren vorgenommen.

Mehrere zusammenhängende Intarsien werden vor dem Einleimen mit Fugenleimpapier zusammengefügt und dann in die betreffende Stelle, Papier nach oben, eingesetzt.

Bei einigen Intarsienkünstlern war es üblich, die Intarsien auf Papierunterlagen zu leimen und diese auch nicht zu entfernen, sondern Papier und Intarsie direkt auf das Blindholz zu leimen. Allerdings kann sich das Papier später zersetzen, so daß die Intarsie keinen Halt mehr auf dem Blindholz hat. Kleine Niveauunterschiede beim Einleimen und Verzwingen von Intarsien werden durch dünne Filzunterlagen ausgeglichen.

Färben, Brennen, Gravieren

Färben

Grundsätzlich ist zu sagen, daß das Einfärben (oder Beizen) bei der Restaurierung alter Hölzer eine untergeordnete Rolle spielen sollte. Der Restaurator muß beim Aufarbeiten und Abschleifen des Holzes immer darauf achten, daß der natürliche Holzfarbton möglichst erhalten bleibt und nicht durch künstliche Farbe verfremdet wird. Eine nicht geringe Bedeutung allerdings hat das Einfärben von Furnierteilen bei der Intarsienarbeit oder Marketerie. Hier schwelgte man geradezu in „bunten" Holzoberflächen, besonders in der Hochblüte der Intarsienkunst. Und da, wo die natürlichen Farbtöne der verschiedenen Holzarten nicht genügten, wurde das Furnier in holzfremden Tönen eingefärbt. Eine Intarsie sollte wie ein Gemälde aussehen. Früher färbte man mit Pflanzen-, Erd- und Mineralfarben. Heute gibt es eine breite Palette künstlicher Farbstoffe.

Es geht dabei, wie immer in der Restaurierung, um die Frage, ob man sich der Produkte des ausgehenden 20. Jahrhunderts bedienen oder aber, aus ästhetischen, konservativen und nostalgischen Gründen, zu den Rezepten und Methoden alter Handwerkskünste greifen sollte. Sicher ist ein sachliches Abwägen von Fall zu Fall sinnvoll.

Auf einige der alten Färbemethoden soll an dieser Stelle hingewiesen werden. Wichtig bei der Herstellung von farbigen Intarsienbildern war immer die Qualität der Färbung. Schon bei Roentgen hieß es: „ . . . meine Hölzer sind lichtecht durchgefärbt." Das Furnier wurde also vor dem Einlegen gut gefärbt und nicht erst nach dem Verleimen mit der Farblösung betupft. Muß aber dennoch bereits eingeleimtes Furnier gefärbt oder retuschiert werden, so schützt man die angrenzenden Teile, indem man sie sorgfältig abklebt oder dünn mit Paraffin bestreicht.

Zum Färben eignen sich feinporige, dichtgewachsene Holzsorten in neutralem Naturton, wie z. B. Ahorn oder Birne. Schon früh war die färbende Wirkung der Blüten, Blätter, Wurzeln und Schalen verschiedener Blumen, Bäume, Sträucher und Gräser bekannt. Aus den Pflanzenteilen kochte man einen Absud, um darin die einzelnen Furniere zu färben. Viele kennen auch heute noch die Möglichkeit, z. B. aus Teeblättern, Zichorie, Nuß- oder Zwiebelschalen eine Färbung zu bereiten. Einige alte Färberezepte können auch dem Restaurator von heute sicher noch nützlich sein.

Gelb. „Von einem wilden Apfelbaum nimmt man die mittelste Schaale, schneidet solche in kleine Stückchen, gießet Regenwasser (oder Schneewasser) darauf, in welcher etwas Alaun aufgelöst worden ist, und leget dann die Furniere hinein, kochet solche in dieser Brühe 2 Stunden lang, so werden sie kostbar gelb werden."

„Man sammle sich im Frühjahr Birkenlaub, koche es mit Regenwasser und etwas Alaun sattsam aus, seihe die Brühe gehörig darunter und koche die Furniere darinnen, dann werden sie schon gelb werden."

Grün. „Hierzu reibe man auf dem Reibstein destillierten Grünspan nebst dem dritten Theil Salmiak mit dem stärksten Weinessig sehr fein ab, bringe die geriebene Masse in ein kupfernes oder meßingnes Gefäß und gieße dann noch so viel scharfen Weinessig dazu, als nöthig ist, so wird man wenn es einige Zeit in Wärme gestanden, eine herrliche Grüne Beize erhalten, welche sowohl in Holz als auch weiße Knochen tief eindringt."

Rot. „Feine Pernambuckspäne in scharfen Weinessig nebst ein wenig gebrannten Alaun gekocht, die Furniere hineingelegt und gleichfalls mitkochen lassen, dies gibt eine schöne feurig rothe Beitze."

„Man koche Furniere von schönem weißen Ahorn 2 Stunden lang in Alaunwasser, thue sie dann heraus und lasse sie in freyer Luft wieder trocknen. Wenn dieses geschehen ist, so lösche man Kalk mit Regenwasser, läßt es eine Nacht darauf stehen, seihet es alsdann durch ein Tuch, bringt genug Pernambuckspäne zu dem Kalkwasser, leget die Furniere hinein und kochet beyde Theile 2 Stunden lang."

Rosenroth. „Frische Rinde des Ahorn und Lindenbaums werden mit 1 Loth Römisch Alaun in 2 Pfund Wasser gekocht, mit Pottasche niedergeschlagen, ausgesüßt und trocken gemacht."

Hellroth. „Drei Loth der äußeren dunklen Schale junger frischer Eschenzweige (im Juli geschnitten) werden gröblich zerschnitten, mit 2 Loth römischen Alaun und 1 Pfund Regenwasser abgekocht, mit aufgelöster Pottasche niedergeschlagen, aufgesüßt und vorsichtig getrocknet."

Blau. „Die Blütenblätter der Kornblume ergeben ein feines Dunkelblau. Die Zeit ihrer Einsammelung ist von Ende des Mai bis Anfang August. Nachdem die Blätter sauber gepflückt sind, werden sie auf einem Siebe oder Tuch im Ofen getrocknet und mit Gummiwasser darauf angefeuchtet. Diese Masse bildet man nach und nach zu einem Kuchen, kehret ihn hin und her, benetzt ihn wieder, presset den Kuchen einige Minuten lang, bis er fest ist und zwingt ihm dadurch sehr schöne Farbe ab."

„Man nimmt die schönsten Kornblumen, stößt sie mit Eyweis in einem gläsernen Mörser zu einem Teig, drückt den Saft durch ein reines Tuch in Muschelschalen und läßt ihn trocknen."

Braun. „Wenn man gedörrte grüne welsche Nußschalen mit ein wenig gebranntem Alaun in starker Lauge kocht, die Furniere hineinlegt und gleichfalls einige Stunden in dieser Brühe kochen läßt, so werden sie dadurch ganz vortrefflich braun. Sollen sie eine schöne Farbe erhalten, so muß weis Ahorn dazugenommen werden."

Braunroth. „Man reibe auf einem Reibestein, wie man pflegt Farbe zu reiben, Orleans in scharfer Lauge ganz fein, koche denselben in scharfer Lauge, je mehr er gekocht wird, je dunkler wird er an Farbe, streicht man solche sehr warm auf, so frißt er tief in das Holz."

Kaffeebraun. „Sechs Loth von den Rinden des Pflaumenbaumes im Herbst vom Holz geschält, gröblich zerschnitten, mit 2 Loth römischen Alaun in 6 Pfund Wasser ausgekocht und filtriert. Den Bodensatz bewirkt man mit aufgelöster Pottasche, worauf jenes ausgesüßt und getrocknet wird."

Silber. „Man nehme Eisenfeilspäne und ein wenig Alaun, gieße scharfen Essig hinzu und lege die Furniere hinein, stelle sie an gelinde Wärme, untersuche sie öfters, dann wird man ja bald die gewünschte Silberfarbe bekommen haben."

Schwarz. „Man löse Kalk, gieße das daraufstehende Wasser auf Gallitzenstein und lege das Furnier hinein, wo es in kurzer Zeit schön schwarz sein wird."

„Man stoße Gallus etwas gröblich, koche ihn in starkem Essig, lege dann die Birnbaumfurniere hinein und lasse sie darinnen noch einige Zeit kochen. Hernach nehme man starke Lauge, thue grüne welsche Nußschaalen hinein und koche gleichfalls die Furniere in dieser herrlichen Beize."

„Man lege Birnbaumfurniere in einen Backofen, dessen größte Hitze schon verflogen ist, und wende solche oftmals um: so werden sie sehr bald durch und durch ganz schön schwarz werden, wartet man aber hierbei die rechte Zeit nicht ab, so werden sie zu viel oder zu wenig schwarz zeigen."

Brennen

Um Motiven innerhalb eines Intarsienbildes Tiefe und Schatteneffekte zu geben, hat man einzelne Furnierteile gebrannt. Man versteht darunter das Abdunkeln, Ansengen durch Anbräunen der Furnierränder in heißem Sand.

Feiner Sand wird in ein Metallgefäß gefüllt und kräftig erhitzt. Dann wird das Furnierteil ganz oder teilweise kurz in den heißen Sand eingetaucht, bis die gewünschte Bräunung eintritt. Wie stark der Sand erhitzt werden muß und wie lange das Furnier darin angebräunt wird, hängt von Stärke und Sorte des Furniers ab. Dünnes Furnier kann sich dabei verwerfen und sollte vor dem weiteren Verarbeiten etwas angefeuchtet werden. Bei älteren Sägefurnieren von 3 bis 4 mm Stärke wird dieses Problem sicher nicht auftauchen.

Furnier bräunen oder schattieren: Einzelne Furnierteile werden in heißen Sand getaucht, bis die gewünschte Färbung eintritt.

Gravieren

So wie Metall punziert oder radiert wird, kann man die Intarsie mit feinen Linien und Schatten gravieren. Man benutzt dazu aus der Serie der Schnitzmesser das Hohleisen oder Kerbschnitzmesser.

Mit feinen Schnitten werden keilförmige Vertiefungen in das Furnier geritzt und mit etwas dunklerem Kitt ausgefüllt. Danach entsteht die gewünschte Tiefenwirkung. Nach gutem Abtrocknen des Kitts wird feingeschliffen.

Es ist zu empfehlen, feinste Zierlinien erst nach dem Grundpolieren, d. h. auch Porenfüllen, zu gravieren. Man vermeidet so ein Verschmieren der Linien.

Furnier gravieren: Mit feinen Schnitten werden keilförmige Vertiefungen in das Furnier geritzt (1), mit etwas dunklem Kitt ausgefüllt (2), dann wird feingeschliffen und poliert (3).

1

2

3

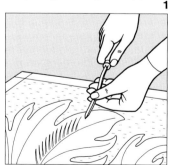

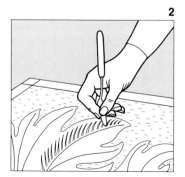

Holz-
oberflächen-
behandlung

Bereits Wilhelm Busch hat mit seinem Maler Klecksel sehr treffend zumindest einen guten Grund für die Oberflächenbehandlung von Holz erkannt. Aber nicht nur die künstlerische Behandlung, die ästhetische Wirkung und Veränderung der Holzoberfläche, sondern auch Schutz und Konservierung des rohen Holzes sind wichtig. Durch eine Oberflächenbehandlung wird Holz gegen äußere Einflüsse wie Luft, Licht, Trokkenheit und Nässe geschützt. Die Behandlung härtet die Holzoberfläche und macht sie äußerlich widerstandsfähiger. Holz ist ein organisches Material und hygroskopisch. Unter Einwirkung von Feuchtigkeit wird es sich immer verändern, d. h. „arbeiten". Es wird in Reaktion auf Nässe quellen, seine äußere Form verändern und sich bei Trockenheit und Wärme wieder zusammenziehen, schrumpfen oder schwinden. Das Zellgewebe kann bei einem heftigen Wechselprozeß Schaden nehmen oder sogar zerstört werden.

Unbehandeltes Holz wird mit der Zeit grau, kann splittern, reißen oder faulen. Dieser Verwitterung kann man durch eine Konservierung, eine Oberflächenbehandlung, vorbeugen. Je sorgfältiger und tiefer diese Behandlung in das Holz eingearbeitet wird, je besser das Material auf die Holzsorte abgestimmt ist, um so effektiver wird man das Holz und seine Struktur vor den nachteiligen Witterungseinflüssen schützen können.

Hat man jedoch ein bereits verwittertes, grau gewordenes Holz, so kann es in den meisten Fällen noch mit Erfolg behan-

*Barock-Aufsatzsekretär,
Süddeutschland, Mitte 18. Jahrhundert. Nußbaum mit
Nußbaum-Wurzelholzmaserung
und Mooreiche.*

delt werden. Was z. B. bei Metallen, sind sie erst einmal oxydiert oder korrodiert, nicht mehr möglich ist.

Bei einer offenporigen oder transparenten Oberflächenbehandlung entwickelt Holz im Laufe der Jahre eine für die jewei-
lige Holzart charakteristische Verfärbung und Vertiefung des
Farbtons, die sogenannte Patina.

Die verschiedenen Möglichkeiten
der Oberflächenbehandlung

Beizen

Beim Beizen wird das rohe Holz in seiner Naturfarbe verändert. Die Färbung in einen dunkleren oder sogar holzfremden Farbton geht von Beizpulvern aus, die meist wasser- oder
spirituslöslich sind. Beizen werden mit dem Pinsel oder dem
Schwamm aufgetragen. Die Holzmaserung bleibt sichtbar, die
Poren bleiben offen.

Färben

Färben kann das gleiche sein wie Beizen, d. h., in Wasser oder
Spiritus aufgelöste Farbpigmente werden auf das rohe Holz
gestrichen, um dessen Farbton zu verändern oder zu vertiefen.
Früher färbte man Holz mit Naturfarben (Erdfarben, Pflanzen-
farben), heute wird mit synthetischen Farbstoffen gebeizt.
Holz färben kann auch bedeuten, daß man eine Farbe auf
Leim-, Wasser- oder Kaseinbasis aufträgt.

Grundieren

Mit der Grundierung soll eine Verbindung zwischen Holz und
eigentlicher Oberflächenbehandlung stattfinden. Sie muß die
Poren füllen, eine gleichmäßige Basis schaffen, leicht und fein
schleifbar sein. Sie soll auf die nachfolgende Beschichtung
abgestimmt werden und kann aus Bimsmehl, porenfüllenden
Grundlacken, Leinöl oder Firnis bestehen. Die Grundierung
kann mit dem Ballen, dem Pinsel oder der Spritzpistole aufgetragen werden.

Ölen

Die Behandlung mit Öl ist für Weichholz gedacht, das im
Naturton belassen werden soll. Geölt wird mit sogenannten
Ölen, wie z. B. Leinöl, Nuß- oder Mohnöl. Das Öl wird mit
dem Lappen oder auch einem Pinsel aufgetragen. Die Maserung bleibt dabei sichtbar, die Poren bleiben offen.

Das im Fachhandel angebotene Leinöl wird oft als Firnis
bezeichnet. Das ist irreführend, da im Leinöl kein Harz (also
Firnis) enthalten ist.

Man spricht auch beim Schellackpolieren vom Ölen. Das ist einer der ersten Arbeitsgänge und bedeutet das Beleben oder „Anfeuern" der Holzmaser.

Wachsen

Wenn Maserung und Holzstruktur sichtbar bleiben sollen, kann die Holzoberfläche mit Wachs behandelt werden. Nach mehrmaligen dünnen Aufträgen erhält man einen guten Oberflächenschutz. Das Wachs wird mit einem weichen Stoffballen in das Holz eingerieben. Zu empfehlen ist eine leichte Lösung aus Bienenwachs oder anderen Naturwachsen.

Anstreichen

Mit Anstreichen bezeichnet man das Auftragen mittels Pinsel einer in Wasser, Leimwasser oder Öl gelösten Farbe. In den meisten Fällen wird die Holzmaserung dabei verdeckt. Es handelt sich dabei um Farbe, die ganz oder teilweise in die Holzporen eindringt oder aufgesogen wird und eine chemische oder mechanische Verbindung mit dem Holz eingeht. Nach Verdunsten eines der Bestandteile des Anstrichmittels oder infolge chemischer Veränderung bildet sich ein mehr oder weniger fester und dauerhafter Überzug.

Ob nun eine mechanische oder chemische Verbindung des Anstrichs mit dem Holz stattfindet, hängt sowohl vom Holz als auch von der Zusammensetzung des Anstrichmittels ab. Öl, Leim- und Wasserfarbe ziehen in die Poren des Holzes ein, füllen diese aus und gehen somit eine mechanische Verbindung mit dem Holz ein. Ein Kaseinanstrich z. B. geht mit Gips (bei gefaßtem Holz) eine chemische Verbindung ein.

Beim Anstreichen wird, wie auch beim Lackieren, das Holz mit einer konservierenden Schicht gegen äußere Einflüsse geschützt.

Lasieren

Lasieren bedeutet das Aufbringen einer dünnen, durchsichtigen, nicht deckenden Farbschicht, der Lasur. Die Lasur kann auf Wasser-, Alkohol- oder Ölbasis hergestellt sein. Der Auftrag kann mit dem Pinsel oder dem Lappen erfolgen. Die Holzoberfläche bleibt beim Lasieren offenporig und die Maserung sichtbar.

Bei Möbeln der Jahrhundertwende war es beliebt, Holzmaserungen zu imitieren. Man bezeichnet diese Oberflächenbehandlung mit Lasieren in Holzimitation (z. B. eine braune Lasur mit Bier verdünnt als Imitation von Nußbaumholz).

Heute werden von der Lackindustrie auch Dickschichtlasuren angeboten, die aber die Holzmaserung kaum noch erkennen lassen.

Lackieren

Unter Lackieren versteht man das Auftragen einer transparenten, flüssigen Harzsubstanz (Lack) auf die Holzoberfläche. Lack kann mehr oder weniger glänzend sein. Er schützt das Holz und härtet seine Oberfläche. Lackieren kann man bereits gefärbtes oder angestrichenes Holz oder das feingeschliffene rohe und eventuell grundierte Holz.

Berühmt ist die ostasiatische Lackkunst, bei der meist schwarz oder rotbraun angefärbte Lacke in vielen, oft bis zu 30 Schichten aufgetragen werden.

Heute wird der Begriff Lack nur für farblose Lacke verwendet, obwohl sein Plural „Lacke" als Oberbegriff für alle Lackarten gilt. Die pigmentierten (farbigen) Lacke bezeichnet man als Lackfarben.

Lacke werden mit dem Pinsel, einem Leinenlappen oder Polierballen aufgetragen. In der gewerblichen Verarbeitung wird Lack heutzutage aufgespritzt.

Das Wort Lack leitet sich aus dem altindischen „laksha" ab und bedeutet soviel wie „hunderttausend" – also eine sehr große Menge. Gemeint waren damit Schildläuse *(Coccus lacca)*, die sich in Massen auf harzreichen Bäumen Südostasiens ansiedeln, sich von deren Baumsaft ernähren und dann eine eigene Harzsubstanz, zusammen mit anderen Ausscheidungen, auf den Zweigen ablagern. Diese dunkelrote Substanz, auch Stocklack *(Gomma lacca)* genannt, wird gewaschen, gereinigt und in flüchtigen Lösungsmitteln zu Lack (z. B. Schellack) gelöst. Nach dem Auftragen trocknet oder verdunstet das Lösungsmittel, und der Lack haftet als transparente Schicht auf der Holzoberfläche.

Übrigens waren es die Holländer zur Zeit der großen Seefahrer, die Schellack nach Europa brachten.

Mit Lack bezeichnet man also Harz (dies kann heutzutage auch Kunstharz sein), das in entsprechenden Lösungsmitteln aufgelöst wird und beim Lackieren oder Polieren eine transparente, nicht deckende Oberflächenbeschichtung ergibt. Lösungsmittel können Spiritus, trocknende Öle, Nitro- oder Zelluloseverdünnung sein.

Je nach Sorte des aufgelösten Naturharzes kann der Lack eine Tönung von Gelb oder Rot bis Dunkelbraun haben. Er trocknet aber immer transparent auf. Soll Lack die Holzmaserung deckend beschichten, werden ihm Farbpigmente zugegeben. Man spricht dann von Lackfarbe.

Lacke und Firnisse sind nicht immer streng voneinander zu trennen. Was den Lack hauptsächlich vom Firnis unterscheidet, sind Menge und Beschaffenheit der harzartigen Bestandteile, die ihm Glanz geben, sowie seine Haftfestigkeit und Widerstandskraft gegen äußere Einwirkungen.

> Um Begriffe wie Lackieren, Färben (Beizen), Anstreichen zu verdeutlichen, hier ein Beispiel:
> Ein rohes Stück Buchenholz soll gefärbt (gebeizt) und einem Nußbaumholz angeglichen werden. Das Buchenholz wird mit einer wäßrigen Farbe (Beize) *gefärbt (gebeizt)*. Nach angemessener Trockenzeit *bestreicht* man die Oberfläche mit Leinöl. Um der Holzoberfläche noch Glanz zu verleihen und sie zu schützen, wird transparent *lackiert*.

Firnissen

Beim Firnissen handelt es sich, genau wie beim Lackieren, um das Auftragen einer transparenten, flüssigen Harzsubstanz zur Belebung der bemalten oder gefärbten Unterschicht. Firnis kommt aus dem Griechischen (Phernix), ist das Konzentrat des Fichtenharzes und wird auch „Griechisches Pech" genannt. Da vielfach und leider fälschlich mit Firnissen auch das Auftragen von Leinöl gemeint ist, gibt es immer wieder Zweifel, ob es sich nun um Leinölfirnis, Lackfirnis oder Öllack handelt. Zur Klärung daher nachstehend die Definition der ursprünglichen Begriffe.

In vielen Büchern findet man unter Firnis folgende Erklärung: „Durch Vermischen mit flüssigen Sikkativen oder Erhitzen mit Metallsalzen verändertes Leinöl. Dadurch wird die Trockenfähigkeit erhöht und die Haltbarkeit verbessert." Demnach versteht man unter Firnis auch Leinöl und spricht von Leinölfirnis.

Richtig ist, daß es sich bei den Bezeichnungen Lack und Firnis um in Weingeist aufgelöstes Harz handelt. Wie schon erwähnt, bezeichnete man im Altertum als Firnis nur ein ganz bestimmtes Fichtenharz: Sandarakharz, auch „Griechisches Pech" genannt. Irgendwann im Mittelalter wurden dann trocknende Öle, also Lein- oder Nußöl, als Firnis bezeichnet, wahrscheinlich weil man diesen Ölen auch Harze beimischte. Als es im 17. Jahrhundert in Europa Mode wurde, fernöstliche Lackierungen nachzuahmen, kam man auf die ursprüngliche Definition von Firnis insofern zurück, als man nun von allen verflüssigten Harzen als Firnis sprach.

Firnis enthält, ebenso wie Schellack, kein Öl. Man kann also bestenfalls von Lackfirnis oder Schellackfirnis sprechen, nicht aber von Leinölfirnis. Das heute im Handel erhältliche Leinölfirnis enthält kein Harz und sollte daher nur Leinöl heißen.

Polieren

Unter Polieren versteht man das Glänzendmachen durch Reiben und Schleifen mit einem Lack und einem Polierhilfsmittel. Bei der Oberflächenbehandlung von Holz spricht man vom Polieren, wenn der in Weingeist, also Alkohol oder Polierspiritus, aufgelöste Schellack mit einem Polierballen in vielen dünnen Schichten unter Zuhilfenahme von Polieröl in das Holz eingerieben wird.

Mattieren

Als Mattieren bezeichnet man das Auftragen einer Mattierung auf Schellack- oder Kunstharzbasis mit dem Ballen auf rohes oder grundiertes Holz. Man reibt die Mattierung Strich neben Strich ein, also nicht wie beim Polieren in kreisenden Bewegungen, und erzielt damit eine mattglänzende Oberfläche. Die Holzporen werden dabei nicht vollständig geschlossen. Mattieren ist eine Vorstufe zum Polieren. Das Hilfsmittel Polieröl entfällt dabei.

Alte Oberflächenbehandlungen chemisch ablösen

Rissige, alte Farbanstriche, Polituren, Lackierungen und Wachsschichten kann man in vielen Fällen nicht mehr aufarbeiten. Sie müssen gänzlich entfernt werden, bevor neu poliert, lackiert oder gewachst wird.

Alte Farbschichten kann man chemisch oder mechanisch abnehmen. Wichtig ist, Art und Beschaffenheit der Beschichtung zu erkennen, um diese mit den passenden Mitteln lösen zu können. Bei chemischen Behandlungen muß man sich vorher über Verarbeitung und Holzsorte des Möbels im klaren sein, da manche Holzarten sich verfärben, Furniere und geleimte Verbindungen sich lösen können.

Bei der Arbeit mit chemischen Lack- und Farbentfernern muß außerdem auf verschiedene räumliche Bedingungen und Arbeitsvorschriften unbedingt geachtet werden, da es sich um aggressive und giftige Mittel handelt. Der Arbeitsraum muß gut durchlüftet sein, Wasseranschluß und Ablaufbehälter haben. Besser noch arbeitet man im Freien. Das Ablaugewasser darf nur stark verdünnt entsorgt werden. Säurefeste Gum-

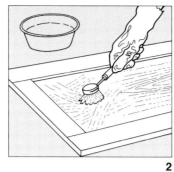
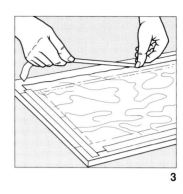

1   **2**   **3**

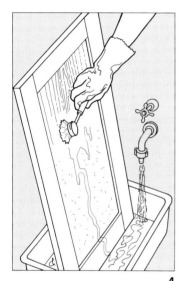

4

Alte Lacke
und Farben entfernen

Mit Ätznatron: Das Pulver wird in warmem Wasser aufgelöst (1). Die noch warme Lauge satt auf die Oberfläche aufreiben (2); damit sie konzentriert wirken kann, die Oberfläche mit Folie abdecken (3). Die gelöste Farbe dann unter fließendem Wasser abbürsten (4).

mihandschuhe und eventuell eine Schutzbrille sollten getragen werden. Beschläge oder Scharniere werden vor dem Abbeizen oder Ablaugen entfernt.

Ätznatron (auch Kaustisches Soda oder Natriumhydroxid). Geeignet zum Entfernen von altem Öllack, Leim- und Kaseinfarbe auf Weichholz. Hartholz sollte mit Ätznatron nur bedingt abgelaugt werden, da mit nachhaltigen Verfärbungen zu rechnen ist. Furniertes Holz ist besonders vorsichtig zu behandeln. Mit einem Ablösen des Furniers muß gerechnet werden. Wichtig ist, die Reaktion des Holzes stets vorher zu prüfen. Arbeitsweise: 50 g Ätznatron in 1 Liter warmes Wasser geben (niemals umgekehrt) und die noch warme Lauge mit einer Stielwurzelbürste auf die Holzfläche satt aufreiben. Je nach Stärke wird sich der Lack oder die Farbe bereits nach etwa 20 Minuten, manchmal aber auch erst nach 2 bis 3 Stunden lösen. Solange das Ätznatron einzieht, deckt man die Holzfläche mit Folie ab, damit das Lösungsmittel konzentriert wirken kann. Mit klarem Wasser wird nachgespült. Gleich danach werden eventuell noch verbliebene Laugenreste mit Essigwasser neutralisiert.

Das nasse Holz muß langsam und bei normaler Raumtemperatur austrocknen, bevor es geschliffen und weiterbehandelt wird. Zeigen sich nach dem Trocknen Verfärbungen im Holz, kann man versuchen, mit verdünnter Oxalsäure (20 g in 1 Liter Wasser) oder Kleesalz in der gleichen Mischung die Oberfläche wieder aufzuhellen.

Soda-Schmierseife. Zum Entfernen von Lack- und Ölfarben auf Weichhölzern, nicht jedoch für Kirsche, Birke, Birnbaum und Ahorn geeignet.

Arbeitsweise: 50 g Soda und 10 g Schmierseife in warmem Wasser auflösen und wie bei Ätznatron weiterarbeiten.

Wasserstoffperoxid. Geeignet zum Bleichen von starken Färbungen. Achtung: Gerbsäurehaltige Hölzer können bei dieser

Behandlung „strohig" werden, d. h. ihren natürlichen Farbton verändern. Daher immer zuerst an einer wenig sichtbaren Stelle die Reaktion des Holzes testen.

Arbeitsweise: Wasserstoffperoxid mit etwa 3 % Salmiakgeist vermischen und zügig mit einem metallfreien Pinsel aus Kunststoff satt auf das Holz streichen. Es ist darauf zu achten, daß immer nur so viel Wasserstoffperoxid mit Salmiakgeist vermischt wird, wie schnell verarbeitet werden kann. Schäumt die Mischung auf, hat sie sich bereits zersetzt und ist unwirksam. Größere Flächen wird man daher erst nur mit Wasserstoffperoxid einpinseln und dann Salmiakgeist darüberstreichen. Erst in Verbindung mit Salmiakgeist wird Wasserstoffperoxid auf dem Holz wirksam und kann somit gleichmäßig bleichen.

Je nachdem, wie stark gebleicht werden soll, wird Salmiak entweder pur oder verdünnt aufgetragen. Die Einwirkzeit kann bis zu 12 Stunden betragen, Wärme kann den Bleichprozeß etwas verkürzen.

Universalabbeizer. Abbeizer sind starke, hochwirksame, geleeartige Pasten, manchmal mit, manchmal ohne ätzende Bestandteile, und für alle Holzarten geeignet. Ein Nachwaschen oder Neutralisieren des Holzes ist nicht unbedingt erforderlich. Man spricht zwar allgemein vom Abbeizen, richtig aber müßte es Ablaugen oder Abätzen heißen. Die Beize wird beim „Abbeizen" nicht gelöst oder gebleicht, sondern nur der Lack aufgeweicht.

Arbeitsweise: Auf die üblichen Schutz- und Vorbereitungsmaßnahmen ist zu achten. Der Abbeizer wird mit einem alten Pinsel auf die zu lösenden Farbschichten aufgetragen. Manche Lacke lösen sich bereits nach wenigen Minuten, andere erst nach Stunden. Bei schnelllöslichen Lacken wird man schrittweise abbeizen; bei langer Einwirkzeit können größere Flächen behandelt und während des Aufweichens mit einer Folie abgedeckt werden.

Der sich lösende Lack hebt sich kräuselnd vom Holz ab und wird wie eine Haut mit dem Spachtel abgeschoben. Um Kratzer und Spuren auf dem Holz zu vermeiden, sollte der Spachtel an den Ecken abgerundet sein und mit wenig Druck über das Holz geschoben werden. Bei mehreren Lackschichten übereinander wird auch in mehreren Arbeitsgängen abgelöst. Bei Schnitzereien, Profilen und Drechselarbeiten ist das Abziehen der gelösten Schicht meist etwas schwierig. Hier muß man mit kleinen Spachtelchen, Messerchen oder einer Bronzedrahtbürste arbeiten.

Vor einer Weiterbehandlung muß das abgebeizte Möbel gut

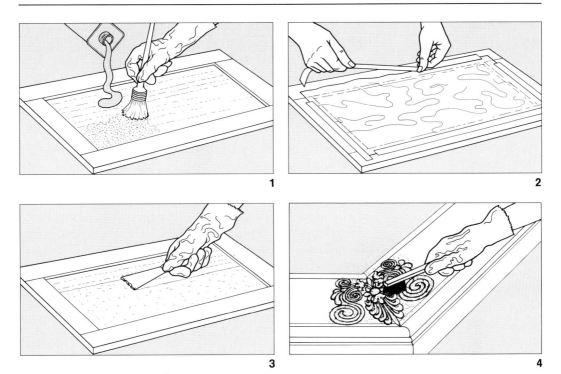

Mit Universalabbeizer (für alle Kunststofflacke): Der Abbeizer wird satt aufgetragen (1) und die Oberfläche mit Folie abgedeckt (2), damit er konzentriert einwirken kann. Der gelöste, sich kräuselnd vom Holz abhebende Lack wird mit dem Spachtel abgeschoben (3). Bei Schnitzereien wird die alte Lackschicht mit einer Bronzedrahtbürste entfernt (4).

auslüften. Um aber sicherzugehen, daß keine Abbeizerreste im Holz verblieben sind, gibt es verschiedene Möglichkeiten, das Holz auszuwaschen oder zu neutralisieren:

■ Zelluloselackverdünner wird mit Pinsel oder Lappen aufgetragen, mit einem trockenen Tuch wird nachgerieben;

■ Holzseifenlösung (s. Holzseife) wird in noch warmem Zustand mit der Wurzelbürste aufgerieben, mit klarem Wasser wird nachgewaschen. Nach angemessener Trockenzeit wird feinstgeschliffen.

Es sind auch Abbeizer im Handel, die frei von Säuren und Laugen sind. Bei Kunststofflacken allerdings werden diese Abbeizer nicht immer wirksam.

Für alte Wachsschichten bietet der Handel einen sogenannten Abwachser an. Er reinigt und entfernt alte Wachsschichten, ohne die Holzoberfläche anzugreifen. Gleichzeitig ist er gegen Schädlingsbefall wirksam.

Spiritus mit Salmiakgeist. Alte Schellackpolituren, die rissig und vergilbt sind, müssen meist völlig gelöst werden, bevor man neu poliert. Spiritus oder Alkohol ist das Lösungsmittel für viele Harze, so auch für Schellack, und so kann man die alte, rissige oder verschmutzte Politur damit auch wieder ablösen. Gibt man dem Spiritus noch Salmiakgeist hinzu, wird das Holz gleichzeitig gesäubert. Die Mischung (Spiritus und Salmiak im Verhältnis 1 : 1) wird mit dem Pinsel auf die alte Politur aufgetragen. Bereits nach kurzer Zeit kann die gelöste Schellackschicht mit der Ziehklinge abgeschoben werden. Eventuell muß in mehreren Schichten gearbeitet werden. Anschließend wird feinstgeschliffen. Ein Neutralisieren des Holzes entfällt bei dieser Methode.

Holzseife. Leichte Verschmutzungen und Vergilbungen, Öl-, Wachs- und Beizreste in rohem Holz können mit Holzseife ausgewaschen werden. Die flockige, nach Kernseife riechende Holzseife ist ein alkalifreies, mildes Reinigungsmittel und für die meisten Holzarten geeignet. Furniertes Holz sollte nicht damit behandelt werden, da das Furnier sich beim Abwaschen lösen kann.

Arbeitsweise: 30 g Holzseife werden in 1 Liter heißem Wasser aufgelöst und noch warm mit der Wurzelbürste oder dem Schwamm auf der Holzfläche verrieben. Ungefähr nach 5 Minuten wäscht man die Oberfläche mit warmem Wasser nach. Das Holz muß danach langsam und gut trocknen, bis anschließend feingeschliffen wird.

Bei starker Verschmutzung kann man der Seifenlösung 5 % Salmiakgeist zugeben.

Wasserglas. Farbe, Firnis und Öllack lassen sich mit Wasserglas (Kaliumsalz der Kieselsäure) lösen.

Arbeitsweise: Wasserglas im Verhältnis 2 : 1 in abgekochtem Wasser auflösen und mit dem Pinsel auf die Holzoberfläche auftragen. Schon nach wenigen Minuten kann die gelöste Schicht mit dem Spachtel oder der Ziehklinge abgezogen werden. Holz danach gut trocknen lassen und feinschleifen.

Pottasche mit Waschpulver und Mehl. Farbe, Firnis und Öllack lassen sich gut mit folgender Mixtur lösen: 1 Teil Pottasche (Kaliumkarbonat), 2 Teile Waschpulver und 2 Teile Mehl werden in lauwarmem Wasser zu einem dicklichen Brei ange-

Mit Holzseife: Bei leichten Verschmutzungen im rohen Holz wird eine Holzseifenlösung aufgerieben (1), dann mit klarem Wasser nachgewaschen (2).

1

2

rührt und mit dem Pinsel auf die zu entfernende Beschichtung aufgetragen. Nach der entsprechenden Einwirkzeit wird die gelöste Schicht mit dem Spachtel oder der Ziehklinge abgeschoben. Holz danach gut trocknen lassen und feinstschleifen. In einem alten Haushaltsbuch ist zu lesen, daß allgemeine Verschmutzung im Holz mit dem Kochwasser weißer Bohnen zu lösen sei...

Alte Oberflächenbehandlungen mechanisch ablösen

Vor dem Einsatz chemischer Mittel zum Ablösen einer alten Oberflächenbehandlung sollte man immer prüfen, ob diese nicht auch mechanisch, also durch Abziehen oder Abschleifen zu entfernen ist.

Ziehklinge

Auf das maschinelle Schleifen der Holzoberfläche soll hier nicht eingegangen werden, da sich der Einsatz von Band- und Schwingschleifern bei altem Holz, furnierten oder intarsierten Oberflächen oft als problematisch erweist. Ganz besonders aber soll die Ziehklinge erwähnt werden. Ähnlich wie ein Hobel zieht diese Klinge feine Schichten von der Holzoberfläche ab. Sie wird, schräg aufgesetzt, mit beiden Händen unter Druck über das Holz geführt. Eigentlich – und daher ihr Name – zieht man die Klinge auf sich zu. Noch effektiver aber arbeitet man damit, indem man die Klinge mit dem Druck beider Daumen von sich weg schiebt.

Mit der Ziehklinge kann man angelöste Lack- und Farbschichten, spröde Polituren oder auch Wachs abziehen. Rohes Holz, leicht angefeuchtet, kann in feinen Spänen abgezogen werden. Ziehklingen gibt es in verschiedenen Formen: rechteckig, rund, oval, geschweift.

Schliff der Ziehklinge. Wichtig für eine effektive Handhabung der Klinge ist ihr Schliff. Man benötigt dazu:

- Ziehklinge
- Einspannvorrichtung, wie Schraubstock oder Hobelbank
- Stahlfeile, fein
- Ziehklingenstahl
- Abziehstein

Eine neu gekaufte Ziehklinge muß zuerst „abgerichtet" werden, d. h., Stanz- und Feilspuren müssen ausgefeilt werden. Man spannt dazu die Klinge in den Schraubstock oder in die Hobelbank und feilt gerade und rechtwinklig die Spuren aus.

Handhabung der Ziehklinge: Man kann sie entweder von sich wegschieben (1) oder zu sich heranziehen (2).

Außerdem rundet man alle vier Ecken ab, um zu vermeiden, daß diese beim Arbeiten Kratzer im Holz verursachen.

Beim Abrichten entsteht ein unregelmäßiger Grat, der wieder entfernt werden muß. Dazu zieht man die Ziehklinge erst flach aufgelegt, dann senkrecht aufgesetzt auf dem nassen Abziehstein so lange hin und her, bis alle Feilstriche beseitigt sind und die Kanten „glänzend" erscheinen. Erst jetzt wird der eigentliche Grat, der die Schärfe der Klinge ausmacht, mit dem Ziehklingenstahl gezogen. Die Ziehklinge wird dazu flach auf die Hobelbank gelegt, so daß sie etwa 1 cm übersteht. Ein- bis mehrmals zieht man mit kräftigem Druck den Ziehklingenstahl an der Kante der Ziehklinge entlang, bis der Grat entsteht. In gleicher Weise werden alle vier Kanten behandelt. Eine neue Klinge muß einige Male abgerichtet und auf dem Abziehstein glänzend poliert werden, bis sie „eingearbeitet" ist. Danach zieht man sich nur noch den Grat von Zeit zu Zeit wieder an.

Ziehklingen gibt es in verschiedenen Formen.

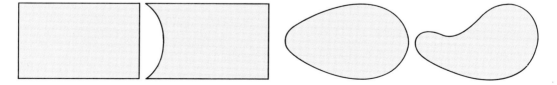

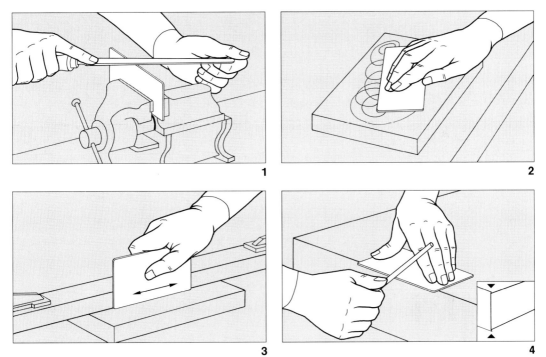

1 **2**

3 **4**

Schliff der Ziehklinge: Eine neu gekaufte Ziehklinge muß zuerst im Schraubstock „abgerichtet" werden (1). Danach reibt man sie auf dem Abziehstein liegend (2) und stehend (3), bis die Kanten „glänzend" erscheinen. Mit einem Ziehklingenstahl wird der Grat angezogen (4).

Holzschliff

Leichte Verschmutzungen und Farbreste können manuell abgeschliffen werden. Ob man zum Schleifen den Schleifkork oder das Schleifpapier direkt mit der Hand benutzt, hängt von der Größe und Beschaffenheit des Holzes ab. Ist die Holzoberfläche verzogen und mit Viertiefungen und Erhöhungen versehen, schleift man besser „über Hand". Bei furnierten Flächen und Intarsienarbeiten hat man ohnehin mehr Gefühl beim Schleifen, wenn man ohne Schleifklotz arbeitet. Bei größeren, ebenen Holzflächen hat sich der Schleifklotz aus Kork oder Holz mit Filzbelag bewährt.

Geschliffen wird immer in Richtung der Maserung, niemals quer dazu. Bei lebhaftem Oberflächenbild wie geflammter oder Augenmaserung wird kreisrund geschliffen.

Schleifpapier oder Sandpapier wird in verschiedene Körnungen eingeteilt. Für den groben Säuberungsschliff fängt man mit der Körnung 120 an und arbeitet mit 180, 240, 320 weiter. Von 400 über 500 und 600 kommt man zu den feinen Körnungen für Zwischen- und Feinstschliff.

Zwischen- und Feinschliff. Bei den meisten Oberflächenbehandlungen spielen Zwischen- und Feinschliff während der einzelnen Arbeitsgänge eine sehr große Rolle. Eine Schellackpolitur, Hochglanzlackierungen (Japanlack) und der sogenannte Schleiflack können nur gelingen, wenn vor jedem neuen Auftrag feinstgeschliffen wird.

Das im Handel erhältliche Schleifpapier hat ab Körnung 400 den Zusatz „auch für Naßschliff geeignet". Für den Feinschliff ab der Körnung 320 oder 400 kann man das Holz zwischen den einzelnen Schleifgängen mit einem Lappen oder Schwamm leicht anfeuchten. Da Holz hygroskopisch ist, wird die Feuchtigkeit von den Holzfasern aufgenommen, die Fasern richten sich auf, und die Holzoberfläche fühlt sich jetzt aufgerauht an. Bei dem nachfolgenden Schliff, der ohne allzu großen Druck ausgeführt werden soll, werden die aufgerichteten Fasern gebrochen, also abgeschliffen, und die Oberfläche wieder geglättet. Danach feuchtet man das Holz wieder etwas an und verfährt in der gleichen Weise bis zur Körnung 600. Das rohe Holz ist jetzt so fein geschliffen, daß es einen idealen Untergrund für alle nachfolgenden Behandlungen bietet. Es gibt noch feinere Schleifmittel als Sandpapier, die dazu verwendet werden. In erster Linie spielt das Bimsmehl (Pulver aus einem schaumartigen Gestein, inzwischen auch synthetisch hergestellt) eine Rolle. Es schleift sehr fein und füllt gleichzeitig die Poren. Zigarrenrauchende Polierer haben früher sogar ihre Asche auf der auspolierten Holzfläche verrieben. Auch Schlämmkreide oder Tripel sind zum Porenfüllen und Schleifen geeignet. Roßhaar, Knochenasche, gebranntes Hirschhorn, gewässerter Schachtelhalm, all das sind feine Schleifmittel der früheren Oberflächenbehandlung.

Heutzutage gibt es Stahlwolle in ganz feiner Ausführung (Nr. 000), die allen Anforderungen des Feinschliffs entspricht und überall da eingesetzt wird, wo während der Behandlung feingeschliffen werden soll. Stahlwolle setzt sich beim Schleifen nicht zu, sie kratzt nicht und schleift sehr regelmäßig. Sie ist geeignet für gedrechselte und geschnitzte Profile. Allerdings füllt sie beim Schleifen nicht zusätzlich die Poren. Hier muß

Unregelmäßige Oberflächen schleift man am besten „über Hand" (1). Bei größeren, ebenen Oberflächen wird das Schleifpapier um einen Schleifkork gelegt (2).

1

2

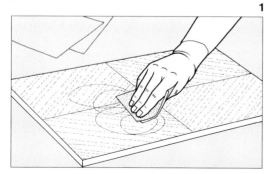
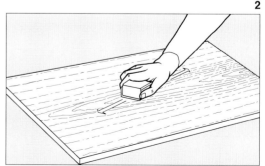

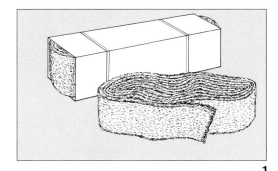

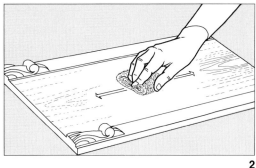

1

2

Stahlwolle Nr. 000 wird für den Feinstschliff eingesetzt.

dann, wenn dies erforderlich wird, Bimsmehl mit einem Leinenlappen oder einem Korkstück eingerieben werden. Fein geschliffen ist halb poliert...

Doch läßt sich das Schleifen des Holzes nur bis zu einem gewissen Grad verfeinern. Ab einem bestimmten Punkt werden bei weiterem Schliff immer wieder zusätzliche Poren aufgeschliffen.

Wichtig beim Holzschliff

- Gut abgelagertes bzw. trockenes Holz.
- Beste Qualität des Schleifpapiers.
- Schleifpapier, das „zugearbeitet" ist, schleift nicht mehr und muß gewechselt werden.
- Immer mit der Maserung schleifen (nie quer dazu)!
- Der Druck beim Schleifen soll nicht zu stark sein (man schleift die Holzfasern sonst nicht ab, sondern drückt sie nur in das Holz).
- Schleifstaub vor der Weiterbehandlung gut entfernen.
- Holz zwischen den einzelnen Schleifgängen leicht anfeuchten.

Mittel für den Feinschliff.

- Bimsstein: Ein leichter, poröser, weißlicher Stein vulkanischen Ursprungs; gute Sorten sind seidig glänzend (Seidenbims).
- Bimssteinpulver: Kann man sich selber aus dem massiven Stein reiben oder aber fertig kaufen.
- Bimssteinpulver geschlämmt: Bimssteinpulver in einem flachen, großen Behälter mit viel Wasser ansetzen. Das Pulver

setzt sich schichtweise ab, die großen Partikel unten, die feinen ganz oben. Nach vorsichtigem Abgießen des Wassers nimmt man die oberste Schicht mit einem Löffel ab und hat nach dem Trocknen Bimssteinpulver für feinsten Schliff.

■ Filz: Dient entweder als Unterlage für den Schleifkork oder zum Schleifen direkt mit der Hand.

■ Wiener Kalk: Durch Oxydation in Pulver zerfallener Kalk (durch seine alkalischen Eigenschaften ist er auch als Metallputzmittel bekannt). Für den Holzfeinschliff bestens geeignet.

■ Korkholz: Wird zum Schleifkork verarbeitet, der als Träger für Schleifpapier beim Schleifen gerader Flächen dient. Auch Bimsmehl oder Tripel wird mittels Kork verrieben.

■ Schlämmkreide: s. Bimsmehl geschlämmt. Gleiche Eigenschaften wie Wiener Kalk.

■ Poliersalbe: Salbenartige Mischung aus Wiener Kalk, Tripel und Öl.

■ Roßhaar: Kräftig schleifende Wirkung.

■ Sandpapier (Glaspapier): Geleimtes Papier mit mehr oder weniger feinem Glaspulver (kam Mitte des 19. Jahrhunderts in England auf).

■ Schmirgelpapier: Geleimtes Papier oder Leinen mit mehr oder weniger feinem Schmirgel, d. h. hartkörnigem Mineral.

■ Sepia: Kalkige Schale vom Rücken des Tintenfischs. In Pulverform ähnlich wie Bimsmehl.

■ Stahlwolle (000): Zum Feinschliff bereits grundierter Holzflächen.

■ Tripel: Feines Pulver aus tonhaltiger Kieselerde, ähnlich wie Bimsmehl (Vorkommen: Tripolis).

Erkennen und Ablösen einer vorhandenen Oberflächenbehandlung

| Oberflächenbild und Merkmale | Art der Beschichtung | Zusammensetzung | Ablösen | | Weichholz | Hartholz |
			chemisch	mechanisch		
transparent, farblos, matt glänzend, offenporig, dünnschichtig	Mattierung	Schellack/Spiritus Kunstharz/Nitro oder Zellulose	Salmiak/ Universal- abbeizer	abziehen schleifen		ja
transparent, farblos, weich glänzend, porengeschlossen	Politur	Schellack/Spiritus	Salmiak/ Spiritus	abziehen schleifen		ja

| Oberflächenbild und Merkmale | Art der Beschichtung | Zusammensetzung | Ablösen | | Weichholz | Hartholz |
			chemisch	mechanisch		
transparent, farblos, hart, klar glänzend, porengeschlossen	Politur	Polierlack/Nitro	Universal-abbeizer			ja
weiß, deckend, matt, spröde	Farbe	Wasser, Leim oder Kasein	Kaustisch-Soda, Pottasche, Wasserglas	abziehen schleifen	ja	ja
bräunlich deckend, matt mit künstlichem Maserbild	Farbe	Wasser (Bier), Leim, Kasein, Farbpigmente	Kaustisch-Soda, Pottasche, Wasserglas	abziehen schleifen	ja	ja
farbig, deckend, matt	Farbe	Wasser (Bier), Leim, Kasein, Farbpigmente	Kaustisch-Soda, Pottasche, Wasserglas	abziehen schleifen	ja	ja
bräunlich, holzfarben, offenporig, schwach glänzend	Lasur	Kunstharz/Nitro oder Zellulose	Universal-abbeizer		ja	ja
farbig, deckend, glänzend, rissig	Ölfarbe	Farbpigmente in Öl	Kaustisch-Soda, Pottasche, Wasserglas	abziehen schleifen	ja ja	bedingt, kurze Einwirk-zeit
farbig, deckend, glänzend, rissig	Öllack	Naturharz in Öl und evtl. Farbpigmente	Kaustisch-Soda, Pottasche, Wasserglas	abziehen schleifen	ja	bedingt
farbig oder transparent, hochglänzend oder matt, porendeckend	Lack	Kunstharz/Nitro oder Zellulose	Universal-abbeizer		ja	ja
transparent, offenporig, ölig glänzend	Öl	Leinöl	wird nicht entfernt, nach Feinschliff kann mit Öl oder Naturharzen weiterbehandelt werden		ja	ja
transparent, gelblich, offenporig, Wachsglanz	Wachs	Bienenwachs, Karnauba, Öl und/oder Spiritus	Spiritus mit Salmiak, Kaustisch-Soda	abziehen	ja	ja

Holzwurmlöcher und andere Fehlstellen ausfüllen

Kleine Fehlstellen im Holz, wie Löcher, Druckstellen, Kratzer und Risse, werden so gut wie möglich ausgebessert, bevor feinstgeschliffen oder oberflächenbehandelt wird.

Das Ausfüllen (Ausspanen) von Rissen mit Furnierstreifen ist ausführlich im Kapitel „Furnier" (Seite 43) beschrieben. Bei Rissen im Massivholz kann man ebenfalls nach dieser Methode arbeiten. Ein schmaler Riß kann auch mit Kitt ausgefüllt werden. Die Holzunterseite wird zuvor mit einem Leinenstreifen abgeklebt, damit der Kitt nicht durchfällt. Je nachdem, wie stark das Holz im Laufe der Zeit arbeitet, kann der Kitt spröde und rissig werden und ausbröckeln. Das Ausfüllen mit feinen Holzstreifen ist dagegen wesentlich haltbarer. Kratzer und sonstige Fehlstellen in der Oberfläche werden durch sorgfältiges Schleifen ausgeglichen. Besonders genau sollte man auf die frischen kleinen Ausschlupflöcher des Holzwurms achten und die Schädlinge mit entsprechenden Mitteln bekämpfen (s. Kapitel „Holz", Seite 17).

Wachskittstangen selbst herstellen: Bienenwachs mit Harz im Wasserbad zum Schmelzen bringen (1). Aus Alufolie eine stangenförmige, oben offene Form herstellen (2) und das noch flüssige Wachs hineingießen (3). Nach Erkalten die Alufolie abnehmen. Zum Kitten die Stange am Lötkolben erhitzen und in die zu füllenden Löcher (z. B. Holzwurmlöcher) eintropfen lassen (4).

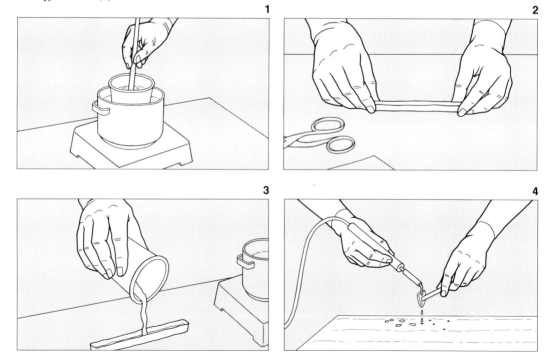

1 2 3 4

Verschiedene Füllmittel

Zum Ausfüllen dieser und anderer kleiner Löcher kann man sich nach verschiedenen Rezepten selbst einen Holzkitt herstellen aus:

Hasenleim. 125 g davon in $1/4$ Liter Wasser aufquellen lassen und im Wasserbad erwärmen. Aufgeweichte Papierstreifen (z. B. Seidenpapier) und Champagnerkreide bis zur dicken Masse einrühren. Etwas Leinöl kann zugegeben werden. Eventuell mit Farbpigmenten anfärben. Masse in nassem Tuch oder Glas mit Schraubverschluß aufbewahren.

Bienenwachs. $1/2$ Bienenwachsplatte mit etwas Harz (z. B. Kopal oder Kolophonium), einigen Schellackplättchen und Farbpigmenten (Erdfarben) im Wasserbad zum Schmelzen bringen, gut verrühren und noch warm verarbeiten. Zur Aufbewahrung in Stangenformen aus Alufolie gießen und erhärten lassen. Bei Gebrauch die Stange am Bügeleisen oder Lötkolben erwärmen und in die Fehlstelle eintropfen lassen. Je nach Wachs und Harzzugabe kann man diesen Kitt mehr oder weniger hart herstellen.

Schellack. Schellackpolitur (wenig verdünnt) wird mit Schlämmkreide (Kalkpulver) vermischt und mit Erdfarben eingefärbt.

Schleifmehl. Mit Weißleim, flüssigem Kunstharz und Glutinleim zu einem dicklichen Brei vermischen und mit Farbpigmenten anfärben.

Kartoffelmehl. 10 Teile Kartoffelmehl mit 3 Teilen Gummiarabikum vermischen und mit 5 Teilen Wasser zu einem dicklichen Brei anrühren, mit Holzschleifmehl oder Farbpigmenten anfärben.

Seidenpapier. Seidenpapierschnipsel in Wasser aufquellen lassen, mit Glutinleimlösung zu Brei verkneten, mit Farbpigmenten anfärben und etwas Magnesium (Talk) beigeben.

Folgende Fertigkitte und Füllmittel sind im Handel erhältlich:

Holzkitt. In etwa 20 Holztönen ist der sogenannte Holzkitt in kleinen Metalldosen erhältlich. Seine Verarbeitung ist sehr einfach und nach Gebrauchsanweisung auszuführen. Es ist darauf zu achten, bei größeren Vertiefungen in Schichten auszufüllen, wobei jede Lage trocknen muß, bevor die nächste kommt. Holzkitt sinkt immer etwas ab. Jedes auszufüllende Loch muß zuvor mit Verdünner befeuchtet werden. Holzkitt trocknet stark aus und muß immer wieder mit dem entsprechenden Verdünner angerührt werden.

Nach dem Erhärten läßt sich Holzkitt gut schleifen, aber nicht sehr gut beifärben oder beizen. Es ist daher von vornherein genau auf die zum Holz passende Tönung zu achten. Holzkitte sind untereinander mischbar und für alle nachfolgenden Oberflächenbehandlungen geeignet.

Holzknetpaste. Dieser natürliche Fertigkitt enthält keine Lösungsmittel und schrumpft daher nicht beim Trocknen. Nach dem Erhärten wie Holz zu behandeln. Lieferbar in den gängigen Holztönen.

Rahmenkitt. Weiche, gut modellierbare Masse, die besonders bei der Arbeit mit Bilderrahmen Verwendung findet. Für alle nachfolgenden Oberflächenarbeiten geeignet.

Wachs- oder Schellackkittstangen. Man kann sich diese nach eigenem Rezept selbst herstellen oder aber fertig kaufen. Alle gängigen Farbtöne sind erhältlich. An einem Bügeleisen oder Lötkolben läßt man die Kittstangen schmelzen und in die Öffnung eintropfen. Überschüssiges wird abgestemmt oder mit einem weichen Lappen verrieben. Die Holzoberfläche wird anschließend gewachst oder poliert.

Oberflächenbehandlung

Beizen

Beizen sind Flüssigkeiten, die das Holz ätzend (beizend) angreifen. Die holzeigene Farbe wird dabei bis zu einer gewissen Fasertiefe verändert.

In einem alten Buch der Lackierkunst ist zu lesen: „Das Beizverfahren kam am stärksten in Aufnahme, als während des Krieges (gemeint ist der 1. Weltkrieg) das Material für Lackierungen am knappsten war. Es war ein Notbehelf, denn das Beizen ist für gewöhnlich eine Arbeit für den Tischler. Der Lackierer weiß, daß eine Lasur auf Naturholz viel dekorativer wirkt als eine Beizarbeit ...“

Der Umgang mit organischen Farbstoffen in der Holzoberflächenbehandlung war schon seit langem bekannt und beliebt. Doch wurde nicht das rohe Holz gebeizt, sondern Lacke, Polituren und Öle wurden angefärbt. Bei der Intarsienarbeit wurden auch einzelne Holzteilchen bunt gefärbt.

Durch Beizen soll meist einfaches, ausdrucksloses Holz in anspruchsvolleres verwandelt werden. Beispielsweise beizt man Buche nußbaum- oder mahagonifarben. Der Jugendstil hat das Beizen als dekoratives Mittel eingesetzt und in Grün und holzfremden Farben gebeizt.

Das Beizen großer Flächen ist eine schwierige Arbeit, deren Ergebnis sehr von der Holzqualität abhängt, da nicht alle Hölzer die Farbe auch gleichmäßig annehmen. Bei der Oberflächenbehandlung alter Möbel wird aber eher das Beifärben kleinerer Ausbesserungsstücke geübt werden müssen. Mit etwas Fingerspitzengefühl und durch Mischen verschiedener Beizpulver wird man versuchen, die Färbung dem alten Holzton anzugleichen.

Bei den im Handel angebotenen Beizen wird zwischen Lösungsmittelbeizen und Pulverbeizen unterschieden.

Lösungsmittelbeizen. Sie sind flüssig und gebrauchsfertig. Hier sind Farbstoffe und Pigmente in flüchtigen Lösungsmitteln (also Nitro oder Zellulose) bereits aufgelöst. Die Trockenzeit ist kürzer als bei Wasserbeizen. Die zu beizende Holzfläche wird vor dem Beizen feingeschliffen, aber nicht gewässert. Nach der Behandlung mit Lösungsmittelbeizen rauht die Oberfläche nicht mehr auf.

Lösungsmittelbeizen sind sehr gut für die Färbung von großporigen Hölzern geeignet. Sie betonen Maserung und Poren und ergeben eine ausgeprägte, rustikale Oberfläche. Im Handel werden sie als Antikbeizen, auch Rustikalbeizen, und Patinierfarben angeboten. Sie können mit Wasser verdünnt werden. Will man diese gelösten Beizen umtönen oder farblose Lacke und Polituren anfärben, so geschieht dies mit einem im Handel erhältlichen Farbextrakt, der lacklöslich ist und in vielen Farbtönen angeboten wird. Alle Töne sind untereinander mischbar.

Anwendung: Auf das feingeschliffene und entstaubte, trockene Holz wird die Lösungsmittelbeize mit Pinsel oder Schwamm satt aufgetragen. Überschüssiges reibt man mit einem Leinenlappen zuerst quer, dann mit der Maserungsrichtung ab. Nach etwa 2 Stunden ist die Beize trocken, und der Vorgang kann wiederholt werden.

Da die Holzoberfläche bei Lösungsmittelbeizen nicht aufrauht, kann ein Feinschliff entfallen. Soll die nachfolgende Behandlung mit dem Pinsel oder Ballen aufgetragen werden, muß die Oberfläche vor der Weiterbehandlung fixiert werden, damit die Beize nicht verwischt. Das geschieht mit einer stark verdünnten Schellacklösung, die mit dem Pinsel aufgetragen wird. Danach wird leicht mit Stahlwolle geschliffen und wie gewünscht weiterbehandelt.

In der gewerblichen Verarbeitung wird Grundierung auf Lösungsmittelbeize im Spritzverfahren aufgetragen. Die Beize verwischt dabei nicht und kann auch nicht in der Grundierung verschwimmen.

Pulverbeizen. Handelsübliche Pulverbeizen bestehen aus synthetischen Farbstoffen oder Pigmenten, die in Wasser und/

1　**2**　**3**

Pulverbeizen: Das Pulver wird in kochendheißem Wasser aufgelöst (1). Vor dem Beizen wird das feingeschliffene und entstaubte Holz leicht gewässert (2), dann wird die Beizflüssigkeit mit Pinsel oder Schwamm auf das angefeuchtete Holz aufgetragen (3).

oder Alkohol aufgelöst werden. Die Naturfarbe des Holzes kann damit mehr oder weniger abgedunkelt oder holzfremd gefärbt werden. Beizfarben sind heutzutage lichtbeständiger als die meisten Holzarten.

Anwendung: Die Pulverbeize wird in kochendheißem Wasser nach Vorschrift aufgelöst. Gibt man etwas mehr Wasser als vorgeschrieben dazu, wird die Tönung heller, bei weniger Wasser fällt die Färbung entsprechend dunkler aus. Die Pulver sind untereinander mischbar.

Das feingeschliffene und entstaubte Holz sollte vor dem Auftragen der Pulverbeize gewässert werden. Die Oberfläche, im besonderen die sehr saugfähigen Hirnholzstellen, nimmt die Beizflüssigkeit dann gleichmäßiger auf.

Man achte darauf, daß die Beize nicht mit Metall in Verbindung kommt. Sie wird in einem Plastik-, Glas- oder Porzellangefäß angerührt. Mit einem Schwamm oder Beizpinsel (ohne Eisenring) wird die Beizflüssigkeit auf das noch feuchte Holz satt, Strich neben Strich, aufgegeben. Danach wird quer dazu verrieben. Stehende Flächen werden von unten nach oben bearbeitet, um Ablaufstreifen zu vermeiden.

Das hellere Splintholz kann wiederholt mit Beize behandelt werden, um den gewünschten Farbton zu erhalten. Meist trocknet Beize etwas gräulich-stumpf und holzfremd auf, entwickelt aber den gewünschten Farbton nach der ersten Grundierung.

Im Handel sind die verschiedensten Beizsorten für alle Anwendungen erhältlich: Hartholzbeizen, Edelholzbeizen, Räucherbeizen, Grundbeizen, Kratzfestbeizen, Pyrocolorbeizen, Wachsbeizen, Positivbeizen, Antikbeizen, Rustikalbeizen, Spritzbeizen, Pinselbeizen usw. Es würde zu weit führen, sie alle genau zu beschreiben. Die genaue Gebrauchsanweisung ist auf der Verpackung aufgedruckt. Zwei dieser Beizen jedoch sollen näher betrachtet werden:

Räucherbeize (in Verbindung mit der Grundbeize). Wie schon erwähnt, gibt es Hölzer mit mehr oder weniger Gerbsäure. Eiche und Nußbaum gehören dazu. Unter Einwirkung von Ammoniak (verdünnt: Salmiakgeist) werden sich diese Hölzer dunkel färben. (Man denke an Eichenholz, das dunkel wird, wenn es lange Zeit im Pferdestall liegt.) Nach einem etwas umständlichen Verfahren kann man Eiche oder Nußbaum dunkel färben, indem man das Holz mit Ammoniak einpinselt und unter Luftabschluß räuchern läßt. Einfacher allerdings ist es, auf die fertige Räucherbeize zurückzugreifen. Das ist eine Pulverbeize mit Metallsalzen und Salmiakgeist, die in Wasser aufgelöst wird und, in der üblichen Weise aufgetragen, Eichen- oder Nußbaumholz wie „geräuchert" beizt.

Man kann mit der Räucherbeize auch andere, weniger gerbsäurehaltige Hölzer behandeln, muß dann aber mit einer farblosen Grundbeize vorarbeiten. Diese Grundbeize bringt Gerbsäure ins Holz und schafft somit einen gleichmäßigen Untergrund für die nachfolgende Räucherbeize. Grundbeizen ergeben bei der Behandlung von neuem Holz den oft gewünschten „Alt-Effekt".

Antik- oder Patinierbeizen. Mit der Antikbeize kann man bereits grundiertes Holz patinieren, also „alt" machen. Diese gebrauchsfertige Lösungsmittelbeize wird auf das gut geschliffene, grundierte Holz aufgetragen und feingeschliffen. Nach Gebrauchsanweisung soll diese Beize gespritzt werden. Wo dies nicht möglich ist, wird die Grundierung mit einer dünnen Schellacklösung fixiert, um ein Verschwimmen mit der nachfolgenden Beize zu verhindern.

Rezepte für Beizen und Färbungen.

Nußbaumbeize (für alle Hölzer). 40 g mangansaures Kali und 140 g Bittersalz werden in 1 Liter heißem Wasser aufgelöst.

Nußholzbeize. 125 g Kasseler Braun und 50 g Pottasche werden in 1 Liter Wasser aufgekocht und durch ein Tuch gefiltert.

Schwarzbeize. 200 g Blauholzextrakt werden mit 1 Liter kochendem Wasser übergossen, dann 30 g chromsaures Kali hinzugegeben. Es entsteht eine violette Farbe, die sich auf dem Holz als reines Schwarz zeigt.

Patinierlasur (braun). Leinöl und Terpentinöl werden zu gleichen Teilen unter Zugabe von etwa 10 % Sikkativ gemischt, nach Bedarf wird Kasseler Braun (Erdfarbenpulver) zugegeben.

Braune Färbung für Tannenholz. Eine dicke Schicht von frisch gelöschtem Kalk auf das Holz legen und etwa 10 Stunden einziehen lassen.

Eisensulfatlösung. Sehr starke Rötungen in verschiedenen

Hölzern, z. B. in Mahagoniholz, können etwas zurückgenommen werden, indem man Eisensulfat, in Wasser aufgelöst, auf dem rohen Holz einwirken läßt.

Wichtig beim Beizen, Färben, Fleckentfernen
Das rohe Holz muß sein:
- feingeschliffen
- entstaubt
- trocken (bei Lösungsmittelbeizen)
- gewässert (bei wasserlöslichen Beizen)
- fettfrei
- leimfrei
- harzfrei

Außerdem ist zu beachten:
- Eisenbeschläge und Scharniere entfernen (wo dies nicht möglich ist, mit Wachs oder eventuell Nitrolack bestreichen).
- Beizpinsel oder Schwamm benutzen.
- Alle Warte- und Trockenzeiten einhalten.
- Stets probebeizen. Die Erfahrung am Holz ist besser als die schönste Farbmustertafel.
- Aktiviertes Bleichmittel nie in die Vorratsflasche zurückgeben, da Explosionsgefahr.
- Beim Umgang mit chemischen Bleichmitteln Hände und Augen schützen.
- Chemische Beiz- und Bleichlösungen gut verschlossen und sicher aufbewahren.

Eiche kalken

Eine schon seit dem Jugendstil beliebte Art der Holzoberflächenbehandlung grobporiger Hölzer ist das Kalken im Anschluß an das Beizen. Besonders die Eiche mit ihren großen Poren ist dazu geeignet. Es war damals Mode, in holzfremden Farben zu beizen (Grün, Grau) und Maser und Struktur durch anschließendes Kalken noch deutlicher hervorzuheben. Man kann für diese Art der Behandlung auch feinporigem Holz zu größeren Poren verhelfen, indem man seine Oberfläche mit einer Bronzedrahtbürste bearbeitet. Nachstehend soll hier eine neue und eine alte Methode der betonten „Porenoberfläche" beschrieben werden.

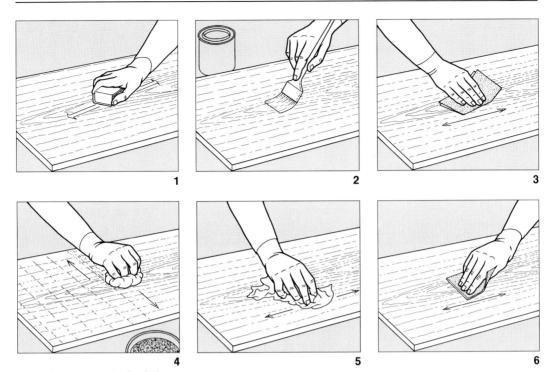

1   **2**   **3**

4   **5**   **6**

Eiche kalken: Das Eichenholz wird feingeschliffen und entstaubt (1) und mit einer handelsüblichen Grundierung oder einer dünnen Schellacklösung grundiert (2). Nach dem Trocknen wird die Grundierung feingeschliffen (3), danach werden Kalkeichweiß und Porenfüllflüssigkeit mit einem Leinen quer zur Maser satt eingerieben (4). Überschüssiges mit einem sauberen Lappen abnehmen (5). Nach entsprechender Trockenzeit erfolgt ein letzter Feinschliff (6). Abschließend wird die Oberfläche mit Schellackpolitur fixiert.

Arbeitsweise (neue Methode): Das gut geschliffene Eichenholz (auch Esche und Rüster sind geeignet) wird sorgfältig entstaubt, so daß die Holzporen frei sind. Mit einer handelsüblichen Grundierung oder aber auch mit einer Schellacklösung wird grundiert und danach nochmals feingeschliffen. Sodann wird im Verhältnis 2 : 1 Kalkeichenweiß und Porenfüllflüssigkeit angerührt und mit einem Leinenlappen auf der Oberfläche quer zur Maser eingerieben. Überschüssiges wird mit einem sauberen Lappen abgenommen. Nachdem die vorgeschriebene Trockenzeit abgewartet wurde, wird nochmals mit feinstem Schleifpapier (Körnung 600) ausgeschliffen. Stahlwolle ist für diesen Schliff nicht so sehr zu empfehlen, da feine Stahlfasern in den Poren zurückbleiben und Holzfärbungen hervorrufen können.

Über Nacht läßt man die Holzoberfläche dann ruhen und läßt abschließend eine Behandlung mit Seidenmattlack oder mit einer Schellackpolitur folgen. Es muß sehr vorsichtig gestrichen werden, weil das Kalkweiß leicht wieder verwischt werden kann. In der gewerblichen Verarbeitung wird Abschlußlack gespritzt.

Arbeitsweise (alte Methode): Die gut geschliffene Oberfläche wird mit Leinöl oder Schellack grundiert und geschliffen.

1   **2**   **3**

Ölen: Leinöl wird im Wasserbad erwärmt (1) und das noch warme Öl mit einem Leinenlappen eingerieben (2). Nach entsprechender Trockenzeit wird feingeschliffen und erneut geölt (3).

Sodann wird mit Kasseler Braun (Erdfarbe in Wasser aufgelöst) lasiert und nach angemessener Trockenzeit lackiert, z. B. mit Schellack. Ist diese Schicht trocken, schleift man nochmals fein und bereitet sich sodann eine Färbung aus bläulichem Grün und Weiß in Halböl (Leinöl) zu, verdünnt sie noch mit Terpentinöl und reibt diesen Porenfüller auf das Holz. (Eigentlich füllt man hier die Poren nicht, vielmehr färbt man sie.) Nach dem Abtrocknen wischt man dann mit einem weichen Lappen nach.

Ölen

Beim Ölen einer Holzoberfläche spricht man von trocknenden Ölen. Es ist dabei fast immer die Rede von Leinöl. Zum einen ist es in der Herstellung preiswert, zum anderen zeichnet es sich durch seine gute Trockenfähigkeit aus (oxidativ-trocknendes Öl).

Reines Leinöl trocknet in etwa vier Tagen klebefrei auf. Um diesen Prozeß zu beschleunigen – Trockenzeiten spielen in der gewerblichen Verarbeitung eine immer wichtigere Rolle –, kocht man es mit Sikkativen, sogenannten Trockenstoffen, und erreicht nun eine Trockenzeit von etwa 24 Stunden. Das im Handel erhältliche Leinöl wird als „Leinölfirnis" bezeichnet. Auch ist in den meisten alten Rezepten, nach Aufkochen und Zugabe der Sikkative, von Leinölfirnis die Rede. Es muß noch einmal betont werden, daß Firnis eigentlich Harz bedeutet, dem Leinölfirnis aber keine Harze beigemischt werden. Selbstverständlich gibt es Lacke, die Leinöl, andere Öle sowie Harz beinhalten. Aber diese bezeichnet man als Öllack, bestenfalls als Lackfirnis. Die etwas pedantisch klingende Abgrenzung erfolgt nur im Hinblick auf das Thema Schellackpolitur, um klarzustellen, daß Schellacklösung kein Öl und Leinöl eben keinen Schellack oder ein anderes Harz enthält. Die Behandlung mit Leinöl ist z. B. für das bäuerliche Küchenmöbel aus Weichholz geeignet. Leinöl nimmt Feuchtigkeit auf, gibt sie aber auch langsam wieder ab. Die Behandlung mit Leinöl ist wie eine Imprägnierung, das Holz bleibt dabei aber offenporig und kann weiter atmen. Leinöl dringt tief in das Holz ein und verbindet sich gut mit dem Material.

Arbeitsweise: Leinöl wird, im Wasserbad erwärmt, in noch warmem Zustand mit einem Leinenlappen in das feingeschliffene und gesäuberte Holz eingerieben. Nach entsprechender Trockenzeit wird feingeschliffen und das Ölen wiederholt, bis ein matter Glanz entsteht. Je besser das Holz vorgeschliffen wurde, um so gleichmäßiger und feiner wird die Oberfläche erscheinen.

Sollten noch vorhandene kleine Fehlstellen im Holz störend wirken, so kann man diese mit einer Mischung aus Leinöl und Kreidepulver, mit etwas Umbra oder Ocker angefärbt, zukitten. Auch hier gilt, daß der Kitt am besten aus dem Material sein soll, mit dem oberflächenbehandelt wird. Soll beim Ölen der Naturton des Holzes etwas betont oder vertieft werden, kann das Leinöl mit Farbpigmenten oder öllöslichen Beizpulvern angefärbt werden. Eine geölte Holzoberfläche kann anschließend immer noch gewachst oder lackiert werden.

Achtung: Nie den mit Leinöl getränkten Lappen offen liegenlassen, sondern immer in einem Glas oder einer Büchse verschließen, da er sich von selbst entzünden kann.

Wachsen

Zum Wachsen besonders geeignet sind alle Weichhölzer, ebenso Eiche als grobporiges Hartholz. Wachs läßt Maserung und Struktur sichtbar und die Poren offen. Das gewachste Möbel ist meist aus Massivholz und im Stil ländlich-bäuerlich. Es gibt im Handel die flüssige, farblose Bienenwachslösung oder das sogenannte Antikwachs, in dem neben Bienenwachs und verschiedenen Ölen auch das harte Palmenwachs (Carnauba) enthalten ist. Antikwachs ist in mehreren Farbtönen erhältlich. Das farblose Bienenwachs kann man sich mit öllöslichen Farbpulvern anfärben.

Arbeitsweise: Das feingeschliffene und gesäuberte Holz kann vor dem ersten Wachsauftrag grundiert werden, mit Leinöl oder mit einer im Handel erhältlichen porenfüllenden Grundierung, dem Schnellschliffgrund. Diese Grundierung ist zwar auf Nitrobasis, aber mit dem Wachs verträglich.

Auf die eventuell grundierte und feingeschliffene Oberfläche wird das Wachs dünn mit einem weichen Lappen in Maserrichtung in das Holz eingerieben. Nach kurzer Trockenzeit wird es mit der Roßhaarbürste geglättet oder blankgerieben. Dieser Vorgang kann beliebig oft und in längeren Abstän-

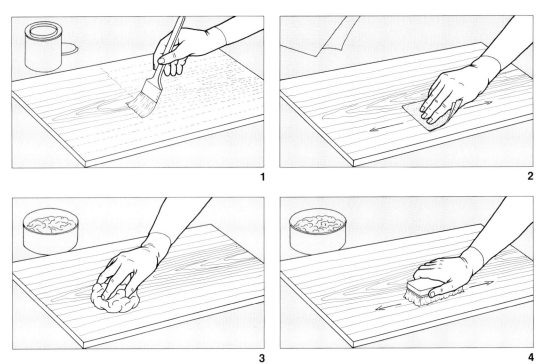

1 2 3 4

Wachsen: Das feingeschliffene Holz kann mit Schnellschliffgrund oder Öl grundiert werden (1). Die Grundierung feinschleifen (2), dann das Wachs mit einem weichen Lappen in mehreren Schichten dünn in die Maserung einreiben (3). Jede Wachsschicht muß mit einer Roßhaarbürste geglättet werden (4).

den wiederholt werden. Wichtig ist, daß jede Schicht dünn aufgetragen und gut eingebürstet wird.

Man kann sich eine Wachslösung auch selbst nach den folgenden Rezepten herstellen.

Rezepte mit Bienenwachs. Bienenwachsplatten werden zusammen mit Alkohol im Verhältnis 1 : 1 im Wasserbad erwärmt und aufgelöst.

Man erwärmt und vermischt im Wasserbad 20 Teile Stearin, 5 Teile Bienenwachs, 12 Teile Pottasche, 2 Teile harte Seife sowie etwas Wasser und Farbstoffe.

75 Teile Bienenwachs, 75 Teile Schellack, 6 Teile weißes Harz im Wasserbad schmelzen lassen. 100 Teile Terpentinöl unterrühren, 400 Teile Alkohol erwärmen, schnell untermischen.

Ein altes Rezept für Polierwachs: „Man schneidet ein halbes Pfund Bienenwachs in kleine Stückchen, bringt solches in einen reinen Tiegel und läßt es auf gelindem Kohlenfeuer zerlaufen, wo man 4 Loth klargestoßenen Colophonium darunter rühret. Ist der Colophonium zerflossen und hat sich gänzlich mit dem Wachse vereinigt, so hebt man den Tiegel mit der Masse vom Feuer ab und rühret noch 8 Loth erwärmtes Terpentinöl darunter, wobei fleißig umgerühret werden muß, damit sich alles wohl miteinander vermischt."

Kaseinfarbe. Bei farbig angelegten Holzoberflächen, z. B. in der Bauernmalerei oder der gefaßten Schnitz- und Drechselarbeit, haben wir es oft mit Kaseinfarbe zu tun. Daß man Quark (also Käse, daher Kaseinfarbe) nicht nur zur Leimherstellung (s. Seite 25), sondern auch als Basis für eine Farbe verwenden kann, ist schon lange bekannt. Allerdings ist die Herstellung umständlich, die Haltbarkeit sehr begrenzt und Kasein nicht mit allen Farbkörpern anzufärben.

In einem alten Lackier- und Anstrichbuch ist zu lesen, daß man sich einen „Kaseinfirnis" herstelle und diesen mit in Leinöl angeriebenen Farben vermische. Um ihn herzustellen (er enthält kein Harz), werden gleiche Teile Quark (Siebkäse) und lauwarmes Wasser gut verrührt, durch ein Sieb gestrichen und etwas Kalkhydratlösung (gelöschter Kalk in Wasser verdünnt) zugegeben. Der anfänglich sehr dicke Brei wird durch ständiges Rühren geschmeidig. Nun gibt man den in Leinöl gelösten Farbkörper dazu und verrührt gut. Statt mit gelöschtem Kalk kann man das Kasein auch mit etwas Soda, Pottasche oder Ammoniak aufschließen.

Die einmal aufgestrichene Kaseinfarbe ist, wie Kaseinleim, nach dem Auftrocknen wasserunlöslich. Sie kann mit einem transparenten Lack (z. B. Schellack) überstrichen werden. Will man eine mit Kaseinfarbe behandelte Oberfläche restaurieren, so kann man heutzutage ebensogut mit Plakafarben ausbessern. Abschließend wird die Oberfläche, genau wie bei Kaseinfarbe, mit einer Schellacklösung fixiert.

Leimfarbe. Leimfarben werden auf der Basis von Wasser und Leim hergestellt und mit Farbpulvern angefärbt. Leimfarbe trocknet schnell und matt auf, ist preiswert in der Herstellung, allerdings nicht so haltbar wie z. B. Ölfarbe. Meistens mischt man Farbpulver in Verbindung mit Kreide unter, so daß helle und zarte Tönungen erreicht werden. Leimfarben finden vorwiegend bei Weichholz Verwendung.

Leim in Wasser gemischt – also ohne färbende Stoffe – wurde oft nur als Grundierung verwendet. Setzt man der Leimlösung etwas Borax zu, hat man Grundierung und Konservierung des Holzes zugleich.

Die Leimlösung bereitet man sich wie einen hellen, guten Tischlerleim zu (also Quellenlassen der Leimplatten in Wasser und Schmelzen durch Erhitzen im Wasserbad) und verdünnt ihn streichfähig mit heißem Wasser. Nach Erkalten gibt man die in Wasser breiig angerührten Farbpulver dazu.

Die Verarbeitung der Leimfarbe ist einfach: man grundiert die feingeschliffene Holzfläche mit einer farblosen Leimlösung.

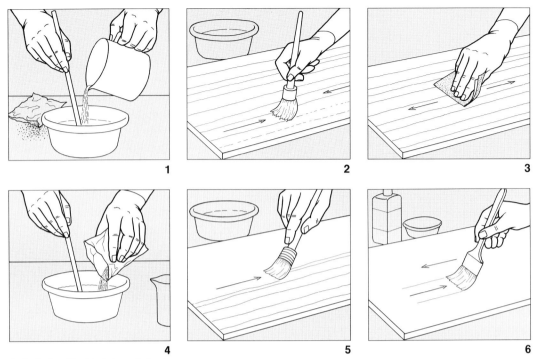

Leimfarbe: Tischlerleim wird mit heißem Wasser streichfähig verdünnt (1). Mit farbloser Leimlösung wird grundiert (2), die grundierte Oberfläche feingeschliffen (3). Die Leimlösung mit dem gewünschten Farbpulver einfärben (4), dann die grundierte und geschliffene Fläche mit der Leimfarbe ein- bis zweimal streichen (5). Abschließend kann die Leimfarbe mit Schellacklösung seidenmatt gestrichen werden (6).

Nach guter Trockenzeit schleift man die Oberfläche und streicht ein- bis zweimal mit der nach Vorschrift zubereiteten Leimfarbe. Abschließend kann die Oberfläche mit dünner Schellacklösung seidenmatt gestrichen werden.

Bei farbigem Anstreichen („Fassen") von geschnitztem oder gedrechseltem Holz spricht man vom gefaßten Möbel oder Ornament. Ähnlich wie beim Vergolden wird auf das gut geschliffene Holz eine Grundierung aus Leim und Kreidepulver aufgearbeitet, um einen völlig glatten Untergrund für die Farbe zu schaffen. Besonders im Rokoko waren farbig gefaßte und vergoldete Möbel sehr beliebt.

Eine alte Beschreibung für die farbige Fassung von geschnitztem oder gedrechseltem Holz gibt dem Künstler folgende Anleitung für Materialherstellung und Arbeitsweise:

Grundierung mit Leimwasser: 1 1/2 Liter Wasser, 3 Zehen Knoblauch, 1 Handvoll Wermuthblätter auf 1 Liter Flüssigkeit einkochen und dann 1/2 Liter „guten und starken" Pergamentleim (also Papierleim), 1 Handvoll Salz und 1/4 Liter Essig dazugeben. Alles noch heiß mit dem Borstenpinsel auftragen. Dies füllt die Holzporen und bringt gute Verbindung zu der darauf folgenden Farbe.

Danach mit noch heißer Mischung aus 1 Liter Pergamentleim,

¹/₂ Liter Wasser, „ein paar Händelvoll" Spanisch Weiß oder Kreideweiß überstreichen. Die Fläche gut trocknen lassen und feinschleifen, eventuelle Fehlstellen mit Kreideleim auskitten und nochmals nachschleifen. Sodann folgt der eigentliche Weiß-Anstrich aus einer noch lauwarmen, sorgfältig gemischten Verbindung Pergamentleim mit Spanisch Weiß. Diese Mischung wird sieben- bis zehnmal aufgetragen, zum Schluß hin mit Wasser leicht verdünnt. Nach guter Trocknung wird mit Bimsstein feinstgeschliffen, man feuchtet dazu die Flächen mit eiskaltem Wasser an. Nach Entfernen des Schleifschlamms reibt man die Fläche mit einem Leinentuch bis zum Glanz. Danach folgt eine Leimfarbe in einem Pastellton etwa nach der Mischung Bleiweiß/Spanisch Weiß 1:1, mit etwas Umbra oder Indigo abgetönt, die zweimal aufgetragen wird. Nach guter Trocknungszeit wird die Oberfläche mit schwach angesetzter Leimlösung fixiert – mit weichem Pinsel (um die Farbe nicht anzukratzen) und „leichter" Hand. Es ist darauf zu achten, daß dieser Leimanstrich leicht und sehr gleichmäßig aufgetragen wird. Abschließend wird alles zwei- bis dreimal mit Schellacklösung überstrichen.

Imitierte Intarsien. Manchmal erkennt man das, was für eine echte Intarsie gehalten wurde, nur als Nachahmung. Schablonenartige Muster wurden auf das Holz übertragen und überlakkiert. Beim Ablaugen geht diese Arbeit verloren, wenn man die betreffenden Stellen nicht sorgfältig abklebt oder eventuell mit einer Wachs- oder Paraffinschicht bestreicht. Hier die Beschreibung der Arbeitsweise dazu aus einem alten Lackbuch: Das rohe, feingeschliffene Holz (helles Holz ist geeignet) wird grundiert, indem man ölt oder eine dünne Leimlösung einläßt. Sodann legt man das gewählte Intarsienmuster mit einer sehr dünn gehaltenen Zinkweiß-Leimfarbe an (Zinkweiß = durch Oxydation aus Zink gewonnene Körperfarbe). Das Zinkweiß hat nur die Aufgabe, die Arbeit besser verfolgen zu können. Der Leimfarbe gibt man etwas Ätznatron zu. Dann überstreicht man das Ganze, also auch das Intarsienmuster, mit einer „mageren" Öllasur, mit etwas Kasseler Braun getönt, um den Holzuntergrund dunkler zu färben. Nach Trocknung der Lasur wird das in das Intarsienmuster eingezogene Ätznatron mit etwas Wasser aktiviert, indem man die ganze Oberfläche mit Papier bedeckt und dieses immer wieder anfeuchtet. Nach einiger Zeit ist das Wasser durch die dünne Lasurschicht gezogen, hat das Ätznatron wirken lassen und die Intarsienschablone auf das Holz übertragen. Die Oberfläche wird danach farblos überlackiert.

Lasieren

Beim Lasieren wird das Holz mit einer nichtdeckenden, dünnen Schicht gefärbt und oberflächenbehandelt. Es geht darum, Holz zu färben und ihm gleichzeitig Oberflächenschutz zu geben. Lasuren erhält man in allen holzfarbenen und holzfremden Tönen. Die Verarbeitung findet meist mit dem Pinsel statt, man kann die Lasur aber auch mit dem Lappen oder dem Ballen in das Holz einreiben.

Anfänglich verstand man unter Lasur eine in Wasser, Öl oder Spiritus gelöste Farbe. Heutzutage kommen Lasuren auf Kunstharzbasis in den Handel, mit Bezeichnungen wie Lacklasur, Lasurlack, Dickschichtlasur. Maserung und Poren werden bei der Behandlung mit ihnen meist verdeckt.

Arbeitsweise: Eventuelle Fehlstellen im Holz werden mit einem der Lasurfarbe entsprechend abgetönten Kitt ausgebessert. Die Oberfläche wird feingeschliffen und entstaubt. Je nach Zusammensetzung der zu verarbeitenden Lasur kann, muß aber nicht, eine darauf abgestimmte Grundierung folgen. Nach entsprechender Trockenzeit wird feingeschliffen und in 1 bis 2 Aufträgen – mit Zwischenschliff – die Lasur dünn aufgestrichen.

Imitierte Holzmaserung. Eine beliebte Anwendung des Lasierens war um die Jahrhundertwende das Imitieren einer edlen Holzmaserung auf einfachem Weichholz, denn edle Harthölzer, wie Nußbaum oder Mahagoni, wurden immer teurer, und auch die guten Lacksorten waren nach dem 1. Weltkrieg rar. Mit Bierlack – eine mit Bier verdünnte braune Lasur, auf die abschließend lackiert wird – malte man kunstvoll edle Maserung auf das einfache Holz. Zumeist wurde Nußbaum auf Tanne oder Arve imitiert.

Die Herstellung einer solchen aufgemalten Maserung erforderte viel Übung sowie ein reichhaltiges Sortiment an Pinseln, wie Maserier-, Wellen-, Gabel- und Modlerpinsel. Die Grundbehandlung erfolgt wie bei allen anderen Anstrichen. Das gut gesäuberte Weichholz wird mit heißem Leinöl eingelassen, feingeschliffen, eventuelle Fehlstellen verkittet. Dann wird mit einer Ölfarbe in Nußbaumton angefärbt, grundiert und wieder geschliffen. Der nun folgende Auftrag ist eine Lasur auf Essig-, Bier- oder Zuckerwasserbasis. Anders als bei nur in Wasser gelösten Farben ergeben Bier, Essig oder auch Zucker beim Trocknen ein haltbares Maserbild, das beim abschließenden Überlackieren nicht mehr verläuft. (Lasuren auf Bier-, Essig- oder Zuckerlösung zeigen meist viele kleine Risse in der aufgemalten Maserung. Bei einer Lasur auf Wasser- oder Terpentinölbasis bleibt die Oberfläche glatter.)

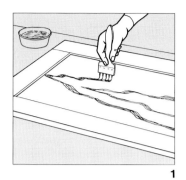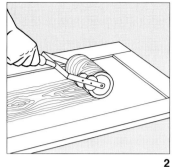

1   **2**   **3**

Das Imitieren edler Maserungen auf Weichholz war um die Jahrhundertwende eine beliebte Technik. Mit Pinsel (1), Maserierwalze (2) oder Abziehpapier (3) wurde die Maserung auf das Holz gebracht.

Die Lasur wird aufgestrichen und in der noch feuchten Farbe mit Pinseln, Kämmen, Schwamm, Lappen oder sogar den Fingern eine Holzmaserung kreiert. Geschick, Zeit und Geduld, Erfahrung und genaue Kenntnis bzw. Vorlagen der zu imitierenden Maserung sind Voraussetzung für das Gelingen. Manchmal waren die Arbeitskosten zum Schluß ebenso hoch wie ein Objekt aus teurem Holz mit edler Maserung.

Es gab Walzen, Schablonen oder Auflagen, um die Arbeit des Imitierens zu erleichtern. Die sogenannte Fladerwalze oder die Maserierapparate waren mit Leder oder Gummi überzogene Walzen mit dem Maserbild. Die Rolle wurde in Lasur gewälzt und dann auf dem lasierten Holz abgerollt. So ergab sich ein Maserbild in deutlicher Wiederholung und ohne Abwechslung. Man kannte auch Maserdruckplatten aus Kautschuk oder Gelatine, die eine Maserung auf das Holz übertrugen, sowie Maserabziehpapier, mit dem (ähnlich wie bei Abziehbildern) eine Holzmaserung auf das Weichholz abgezogen wurde. Es gab den „Naturselbstdruck", bei dem von einem echten Nußbaum mittels Walze und Lasur die Maser auf das Weichholz kopiert wurde. Ein weiteres Verfahren war der Maserierkarton aus feinstem Löschpapier, im Maserbild imprägniert. Legte man ihn auf die mit Lasurfarbe eingestrichene Holzoberfläche, saugte er an den nicht präparierten Stellen die Lasurfarbe auf und hinterließ so, ebenfalls in negativer Form, sein eingeprägtes Maserungsbild.

Imitierte Maserungen oder Intarsien auf der Holzoberfläche werden mit Wasserfarbe oder einer Lasur retuschiert und anschließend mit einem Lack, z. B. Schellack, fixiert. Beim Ablaugen verschwindet die Bemalung völlig. Darunter kommt meist helles Weichholz hervor, das man heute lieber im natürlichen hellen Farbton beläßt. Im Fachhandel wird für Maserierarbeiten heute noch der sogenannte Maser-Boy aus Gummi angeboten.

Lackieren (Ostasiatische Lackierkunst)

Bis zur Erfindung der Kunstharzlacke Anfang dieses Jahrhunderts waren es Naturharze, wie Schellack, Kopal, Bernstein, Mastix, Terpentin, die – in Öl oder Spiritus aufgelöst – zu hochwertigen Lacken verarbeitet wurden.

Daß man Harz auflösen und damit Holz und auch andere Materialien kunstvoll lackieren konnte, war den Chinesen und Japanern schon Jahrhunderte vor den Europäern bekannt. Ganz besonderen Ruhm hat in Ostasien die hochglanzlackierte Oberfläche erlangt; sie wurde auch in Europa ab dem 17. Jahrhundert zum Inbegriff der Lackierkunst überhaupt. Diese tiefschwarzen oder auch rotglänzenden makellosen Lackarbeiten mit Goldpuder, Perlmutt oder Metalleinlagen, exotischer Malerei und Dekoration zeugten von der hochentwickelten ostasiatischen Lackierkunst, die an europäischen Fürstenhäusern begeistert aufgenommen wurde und auch sehr bald und deutlich den Stil des 17. Jahrhunderts entscheidend beeinflußte. Bis dahin hatte Lack bei der Oberflächenbehandlung von Möbeln in Europa eine sehr untergeordnete Rolle gespielt und allenfalls die Funktion eines Schutzanstriches erfüllt.

Nur das Harz des sogenannten Lackbaumes *(Rhus vernicifera)* – ein Baum, der im ostasiatischen Raum gedeiht und mit dem Essigbaum verwandt ist – ergibt den so hochwertigen Lack für die japanische und chinesische Lackierkunst.

Da in Europa lange Zeit kein Schreiner oder Künstler in der Lage war, eine japanische oder chinesische Lackierung nachzuahmen, schickte man Holztafeln oder vorgefertigte Möbel zur Lackierung nach Ostasien. Aber es war nur allzu verständlich, daß man den langen Seeweg vermeiden und eigene Rezepte und Lackierkünste nach asiatischem Vorbild ausführen wollte. Sehr zur Verwunderung der hiesigen Lackierer brachten jedoch auch Originalproben des Rhuslackes, die europäische Kaufleute aus Ostasien mitgenommen hatten, nicht den erhofften Erfolg. Man hatte nicht bedacht, daß dieser Lack – im Gegensatz zu allen anderen Harzen – seine besten Trockenbedingungen bei hoher Luftfeuchtigkeit hat und nach Trocknung durch nichts mehr lösbar ist. Auf der langen Seereise von Ostasien nach Europa waren die kostbaren Rhuslackproben unter besten Bedingungen aufgetrocknet und zur Verarbeitung unbrauchbar geworden.

Man argwöhnte, es müsse sich bei diesen Lackproben um eine ganz besondere und womöglich mit Hexenkünsten hergestellte Mixtur handeln. Des Rätsels Lösung aber war nicht das komplizierte Rezept, sondern die außergewöhnliche Qualität des

Abb. Seite 99:
Kleines Tischchen, England, um 1900, „Edwardian" (Lackmuseum BASF). Schwarze Lackierung in ostasiatischem Stil mit goldener und farbiger Lackmalerei.

98

Abb. Seite 100:
Schreibkasten, Japan, Ende
19. Jahrhundert (Lackmuseum
BASF). Schwarzlack in fein

gezeichneter und farbig
abgestufter Goldmalerei.

Picknick-Kasten, Japan,
19. Jahrhundert (Lackmuseum
BASF). Schwarzlack mit Gold-
und Silbermalerei.

Rhusharzes, das aus dem angezapften Baum in Eimern aufgefangen, gereinigt, durch Erwärmen verflüssigt und ohne Lösungsmittel oder weitere Zutat verarbeitet werden kann. Nach dem Auftrocknen zeigt sich eine glänzende, widerstandsfähige Oberfläche, derart, „ ... daß die Chinesen oder Japaner keine Tischtücher benötigen, da sich Flecken aller Art von den lackierten Flächen mühelos entfernen lassen..."

Erfolglos in der Verarbeitung mit Rhuslack, versuchte man nun, eigene Lackmischungen aus den schon bekannten Harzen zu finden. Daß Spiritus (Weingeist) ein gutes Lösungsmittel für einige Naturharze, ganz besonders Schellack, war, hatte man über die Handelsverbindungen mit Indien erfahren. Spirituslacke (also in Spiritus gelöste Harze) sind aber wegen ihrer raschen Trocknung schwierig zu verarbeiten, besonders dann, wenn sie mit dem Pinsel und auf großen Flächen aufgestrichen werden. Weil es aber noch einige andere hochwertige Harzsorten gab, die sich nicht in Spiritus auflösten, war auch dies ein dringender Grund, nach einem besseren Lösungsmittel zu suchen. Man entdeckte das Leinöl, mit dem bislang noch unlösliche Harze zu hochwertigem Lack verarbeitet werden konnten. Damit hatte der wichtigste Schritt in der Lackherstellung stattgefunden. Entscheidend für eine gute Lackqualität war allerdings die Zusammensetzung der Harze, Lösungsmittel und anderen Ingredienzen. In mühsamen, zeit- und kostenaufwendigen Versuchen wurde in den Lackierwerkstätten oft über Jahre nach den besten Lackrezepten gesucht. Man kann sich heute kaum noch vorstellen, wie sehr man von alchimistischen Zufällen abhängig war, wie geheimnisumwittert und beneidet erfolgreiche Lackierarbeit war, wie sehr die Existenz einer Werkstatt von der Qualität des eigenen Lackrezeptes abhing. War ein Lackiermeister erfolgreich, hütete er sein Rezept als strenges Geheimnis, entschied es doch über Aufträge und Erfolg. So war es den Brüdern Martin in Frankreich gelungen, einen vollendeten Kopallack – fortan Martinlack genannt – zu mischen, ein Werkstattgeheimnis, das ihnen Ruhm und Wohlstand einbrachte.

Lange Zeit blieb die Lackzubereitung in den Händen der Lakkierer, die ihre Rezepte oft „mit ins Grab nahmen" oder bestenfalls an ihre Söhne vererbten. Erst Mitte des 19. Jahrhunderts wurde im Zuge der fortschreitenden Technisierung auch die Lackherstellung industrialisiert und damit für jeden zugänglich. Naturharze wurden bald durch Kunststoffharze ersetzt, die Trockenzeiten erheblich reduziert.

Nicht nur die Lackqualität entscheidet über das Gelingen einer

Lackierung nach ostasiatischer Art, auch die Sorgfältigkeit und die Vielzahl der Arbeitsgänge. Benötigte man mit den europäischen Kopal-Leinöllacken eine Arbeitszeit von etwa 3 Wochen bis zur Trocknung der Lackierung, so rechnete man für eine original China- oder Japanlackierung etwa 6 Wochen, bis alle dünnen Lackschichten aufgetragen, gehärtet und geschliffen waren. Es können bis zu 30 Schichten sein, die eine gute Lackierung ausmachen.

Lackierungen mit europäischen Lacken lassen sich von solchen mit Rhuslacken (also aus Ostasien) durch ihre geringere Widerstandsfähigkeit unterscheiden. Eine minutenlang an den Lackfilm gehaltene brennende Zigarette hinterläßt an dem Rhuslack keine Spur, während der europäische Lackfilm leidet. Es wäre anmaßend, für eine derart traditionsreiche und komplizierte Oberflächenbehandlung wie die Japanlackierung Arbeitsanweisungen vermitteln zu wollen. Da die ostasiatische Lackkunst aber der Inbegriff des Lackierens überhaupt ist, sollen hier doch einige Arbeitsabläufe kurz beschrieben werden. Bei der ostasiatischen Lackierarbeit wird, im Gegensatz zur Schellackpolitur, die Holzmaserung völlig verdeckt, d. h. zulackiert. Von Wuchs und Holzart soll nichts mehr zu erkennen sein. Feinporiges Holz ist der ideale Träger für die Lackierung. Wie bei allen Holzoberflächenbehandlungen, wird sorgfältig und sehr fein geschliffen. Poren und Fugen des rohen Holzes werden ausgefüllt. Zahlreiche Grundierungen (aus porenfüllenden, schwarzgefärbten Pulvern, Leim und Lack) werden aufgetragen und immer wieder geschliffen. Zum Schleifen werden feinste Pulver aus Bimsstein, gebranntem Hirschhorn, Magnolienholzkohle verwendet. Größere Holzflächen werden bei der Grundierung mit Papier oder feiner Leinwand bespannt. Dadurch wird eine Isolierung zwischen Holz und Lackschicht aufgebaut, und eventuelle Harzausschwitzungen stören nicht das darauf folgende Lackbild.

Die ersten Grundierungen mit porenfüllenden Pulvern können unter normalen Luftbedingungen trocknen. Alle weiteren Lackschichten müssen in Feuchtkammern trocknen, da Rhuslack, wie schon erwähnt, im Gegensatz zu allen anderen Harzen die Eigenschaft hat, nur in feuchter Umgebung zu härten.

Verschiedene Dekors. Neben der einfachen schwarzen Lackierung zeichnet sich die kunstvolle Behandlung durch phantasiereichen, in den Lack eingebetteten Dekor aus. Im Laufe der Jahrhunderte haben sich verschiedene Techniken entwickelt. Die Zeichnung des Dekors in die bereits aufgetragene Lackschicht kann nach verschiedenen Methoden ablaufen:

- Goldpuder wird in den feuchten Lackgrund eingestreut,
- auf eine Zwischenschicht aus Leimfarbe wird Gold-, Silber-
oder Perlmuttpulver gestreut,
- auf den getrockneten Lackgrund wird mit feinem Pinsel das
Dekor auflackiert und gleich mit Gold-, Silber- oder Perlmuttpulver bestreut.

Das aufgelegte Dekor wird immer wieder mit schwarzem Lack
überlackiert, bis es nach vielen Schichten völlig verdeckt ist.
Danach wird die Oberfläche so lange mit Holzkohle abpoliert,
bis das eingestreute Motiv wieder sichtbar ist. Es liegt nun
feinstgeschliffen bündig und strahlend in der dunklen Lackschicht. Die Oberfläche wird abschließend mit Transparentlack (z. B. Schellack) poliert oder überlackiert.

Bei einer anderen Methode wird feinstes Gold- oder Silberpul-
ver auf den noch feuchten Lack aufgestreut, ohne Zwischenschliff mit einem Transparentlack überzogen, also fixiert, und
durch anschließendes Polieren zu Glanz gebracht. Der auf-
gestreute Dekor bleibt dabei etwas erhaben und wird nicht
abgeschliffen. In einer weiteren Art der Dekoration wird ge-
schnittenes Perlmutt auf das feingeschliffene und grundierte
Holz geleimt und mit mehreren Schichten überlackiert. Nach
entsprechender Trockenzeit wird die Oberfläche wieder abpoliert, bis der Dekor freiliegt. In die hochglanzlackierte
Oberfläche wird ein Muster aus feinen Linien eingraviert und
dieses mit Goldpuder ausgerieben. Danach wird noch einmal
mit Transparentlack überlackiert. Eine weitere Art der Verzierung besteht darin, daß man mehrere gefärbte Lacke in vielen
Schichten auflackiert, um dann durch Eingravieren in verschiedenen Höhen ein vielfarbiges Dekor aufleben zu lassen.

Fehlstellen ausbessern. Echte ostasiatische Lackarbeit ist für
eine Restaurierung unbedingt dem Fachmann anzuvertrauen,
der seinen Lack aus Japan bezieht und auch dort bei einem
Lackmeister gelernt hat. Das Harz des Rhusbaumes ist giftig
und, soweit der Autorin bekannt, bis heute bei uns nicht im
Handel. Bei kleinen Fehlstellen oder Löchern im Lack kann
man selbst eine Korrektur versuchen und diese mit Kreidegrund ausfüllen und feinstschleifen. Sodann wird mit schwarzem Lack – und dies kann durchaus ein hochwertiger Kunststofflack sein – schichtweise überlackiert. Jede Schicht muß
gut trocknen und feingeschliffen werden. Beim Ausbessern
mit Lack auf altem und von der Zusammensetzung her unbe-
kanntem Lack besteht immer die Schwierigkeit in der Verträg-
lichkeit. Der neue Lack kann zwar auf dem Untergrund haften, bleibt aber klebend und trocknet nicht ganz auf.

Tablett, Holland, um 1860 (Lackmuseum BASF). Schwarze Lackierung mit Gold- und Silbermalerei in ostasiatischem Stil.

Tee-Truhe, England, Anfang 18. Jahrhundert (BASF-Lackmuseum, Köln). Dunkelbraune Lackierung mit floraler Goldmalerei nach ostasiatischer Art.

Lackierung „Japan-Art". Will man eine schwarze, deckende Lackierung „Japan-Art" nach altem Rezept vornehmen, so mischt man sich einen verhältnismäßig dick angesetzten Schellack aus folgenden Zutaten: 250 g Schellack, 1 Liter Alkohol (96%ig) und 60 g Venezianisches Terpentin. Bei normaler Zimmertemperatur löst sich die Mischung in etwa 24 Stunden auf. Dann wird sie durch ein grobes Leinentuch gefiltert und in einer verschlossenen Flasche stehen gelassen. Nach etwa 1 bis 2 Tagen vorsichtig in eine andere Flasche umfüllen, so daß der Bodensatz zurückbleibt.

Um diesen Lack schwarz anzufärben, bereitete man sich Pulver aus entfettetem Lampenruß, Pfirsichkernschwarz, Rebenstockschwarz oder Kohlenschwarz zu. Heute gibt es fertige Pulverfarben, die in Alkohol löslich sind.

Lampen- oder Kienruß (altes Rezept): Da Lampenschwarz oder Kienruß selten rein zu bekommen war, machte sich der Künstler denselben mittels eines kupfernen Tellers, den er über einer brennenden Öllampe (oder Kerze) aufhängte. „Der Rauch legte sich am Teller an, und nun hatte man den Ruß. Das Rußschwarz thue man in feuerfestes Geschirr, verschließe es gut und glühe es durch und durch. Ohne diese Behandlung würde es, seiner Fettigkeit wegen, nicht gut trocknen und auch keine so ganz schwarze Farbe ergeben."

Grundieren: Großporiges Holz (z. B. Eiche, Nußbaum oder Weichholz) wird mit dünn angesetztem, schwarz gefärbtem Leimkreidegrund mehrmals grundiert, wobei jeder Auftrag gut trocknen muß. Nach 2 bis 3 Aufträgen wird gründlich geschliffen, manchmal fast wieder bis auf das Holz, so daß Unebenheiten, Löcher und große Poren grundiert sind. Dann werden, über Tage verteilt, jeweils 2 bis 3 Schichten schwarzer Lack mit einem weichen Pinsel aufgetragen und nach ungefähr 12 Stunden feinstgeschliffen.

Zum Auftrag des Lackes ist in einem alten Handbuch für Lackierer zu lesen: „... der Lackfirniß soll mit einem guten, weichen aber doch etwas steifen Lyoner Fischpinsel aufgetragen werden. Das Auftragen des Lackes muß alles linienweis ‚perpenticular' nacheinander geschehen und daher in gleicher Stärke aufgetragen werden. Beobachtet man dieses, so wird der Lack schön fließen und beim Schleifen mehr Arbeit ersparen, als wenn der Lack nicht egal oder kreuzweise aufgestrichen wird ... Es darf nie ein zweiter Auftrag unternommen werden, bis der vorhergehende ganz trocken und fest ist. Das Auftragen des Lackes muß in einem zugemachten (also zugfreien) Ort geschehen, damit er, solange der Lack noch naß ist, von allem Ungeziefer und Staub befreyet bleibt. Der Lackfirniß muß in einem Gefäße seyn, das eine weite Öffnung hat, damit man ungehindert mit dem Pinsel eintauchen kann. Man fasse auf einmal nicht zuviel Lack in den Pinsel, drehe solchen einige Male herum und streiche denselben ein wenig an dem Gefäße ab, damit man keinen Tropfen aus dem Pinsel fallen läßt ..."

Sieht man einmal von der altmodischen Formulierung ab, so gelten diese Regeln auch heute noch für die Verarbeitung moderner Lacke.

Wie schon so oft in diesem Buch betont, liegt – besonders bei der lackierten Fläche – die ganze Wichtigkeit im Schleifen: „... der Lack muß gut austrocknen, ehe geschliffen werden kann. Man rolle sich ein Stück gewalkenen Filz recht fest zusammen, umwickele ihn einigemal mit einem Bindfaden fest herum, damit er sich im Schleifen nicht aufrollen kann. Diesen zusammengerollten Filz taucht man ins Wasser, dann in Bimsmehl und schleift die Oberfläche damit ab. Das Schleifen soll in zirkelförmiger Bewegung geschehen. Mit einem in Wasser getränkten Schwamm wird das Abgeschliffene weggebracht und nachdem mit einem reinen Tuch abgetrocknet.

*Zwei Teile einer Kutschentür,
Süddeutschland oder Italien,
zweite Hälfte 18. Jahrhundert
(Lackmuseum BASF). Hoch-
glanzlackiert, dunkelblau, mit
Malerei in ostasiatischem Stil.*

Dieses Schleifen darf nicht trocken geschehen, sondern es muß fleißig Wasser gebraucht werden, weil dadurch die Farbe um vieles feiner ist..."

Noch feineres Schleifen im weiteren Arbeitsablauf wird so beschrieben: „...hierzu nimmt man weißes Hirschhornpulver, ein Stück Filz und Wasser und schleife nach der beschriebenen Art bis die Oberfläche ganz glatt ist. Die abgeschliffene Masse muß sorgfältig mit einem Schwamm und einem weichen Tuch abgewischt und trocken gerieben werden. Mit einem weichen Stück Hirsch- oder Rehleder wird nochmals nachgerieben, bis alles im Hochglanz steht. Das ganze Geheimnis einer schönen Lackierung liegt in der Zeit und Mühe, die man an das Schleifen verwendet..."

Alte Rezepte. „Bringe Leinöl in einen kleinen Topf und gib Gummi (Firniß) hinzu, aufs feinste gerieben. Erhitze dies, so daß es nicht siede, bis der dritte Teil verschwunden ist. Hinsichtlich der Masse siehe, daß es 2 Teile Öl und ein Teil Gummi sei. Nachdem du es nach deinem Belieben fleißig gekocht hast, entferne es vom Feuer und lasse es auskühlen. Jede mit diesem Firniß überstrichene Farbe wird leuchtend und durchaus dauerhaft geschützt."

„Collophonium (oder Terpentin) wird bis ‚zur schwarzen Farbe‘ erhitzt, eventuell gekocht. Dazu gibt man feinpulvrigen Bernstein und von Zeit zu Zeit etwas Spiritus oder Terpentinöl. Ist der Bernstein aufgelöst, rührt man Persischen Wundbalsam unter, zusammen mit noch etwas Terpentinöl, solange bis alles flüssig ist. Danach seiht man es durch einen Klärbeutel aus Roßhaar, indem man es langsam zwischen warmen Platten drückt. Mit schwarzem Elfenbeinpulver wird der Lack angefärbt."

Wenn beim Lackieren vom Glätten oder Polieren die Rede ist, so bedeutet das:
- Leichtes Abreiben mit in Bimsmehl getunkten Lappen.
- Nachreiben mit einem in Tripelerde (geschlämmt in Baumöl) getunkten Leinentuch.
- Trockenreiben mit weichem Leinen, bis die Fläche glänzt.
- Säubern mit Stärkemehl oder Kreidepulver mittels flacher Hand.
- Nachpolieren mit sauberem Leinen.

Kunstharzlacke. Die industrielle Herstellung von Lacken nach traditionellen Rezepten wurde bereits Mitte des letzten Jahrhunderts in die Wege geleitet. Bis zur Jahrhundertwende allerdings änderte sich kaum etwas an der Zusammensetzung der Naturharzlacke. Erst ab etwa 1910 wurden die bekannten Naturharze durch in Öl lösliche Kunstharze ersetzt. Die Trockenzeiten wurden auch durch andere Zusätze immer deutlicher verkürzt, und so ist man heute bei Lack-Trockenzeiten von nur 30 Minuten angelangt.

Wie schon erwähnt, unterscheiden sich Lacke außer in ihren Inhaltsstoffen hauptsächlich durch verschiedene Lösungsmittel. Der Handel bietet heutzutage Öllacke, Spirituslacke, Acryl-Wasserlacke und eine immer größer werdende Zahl von Nitro-und Zelluloselacken an.

Ursprünglich meinte man mit Lack eine transparent auftrocknende Lösung aus Naturharz in Öl oder Spiritus. Eine farbige Lacklösung – also die neutrale Lösung mit Farbpigmenten versetzt – nannte man Lackfarbe. Heute gibt es eine verwirrende Anzahl von Lackbezeichnungen, wie Nitrozelluloselack, Polyurethanlack, Zweikomponentenlack, Einkomponentenlack, Purlack, Reaktionslack, Polyesterlack, Schichtlack, Überzugslack, Klarlack, Seidenmattlack, Hydrolack, Weißlack, Heizkörperlack, Fußbodenlack, Stuhllack, Buntlack, Lacklasur, Lasurlack, Dickschichtlasur usw.

Die Entscheidung, ob mit einem traditionellen Öllack oder Spirituslack lackiert oder poliert oder mit einem Kunststofflack gespritzt werden soll, ist in erster Linie davon abhängig, ob es sich um ein altes oder neues Möbelstück, ob es sich um Weichholz oder Hartholz handelt. Kunststofflacke sind im Vergleich zu Polierlacken auf Spiritusbasis widerstandsfähiger und daher problemloser im täglichen Gebrauch.

Viele Kunststoff- oder Kunstharzlacke sind nur im Spritz-, Tauch- oder Gießverfahren zu verarbeiten und scheiden daher für den nicht gewerblich arbeitenden Restaurator oder Heimwerker aus. Bei der Verarbeitung von Nitro- und Zelluloselacken, Ein- oder Zweikomponentenlacken, die mit dem Pinsel aufgetragen werden, ist der Arbeitsablauf fast immer der gleiche. Die gut und feinstgeschliffene Holzfläche – eventuelle Fehlstellen, wie Astlöcher oder Risse, werden mit Spachtelmasse ausgekittet und geschliffen – wird mit einer Schnellschliffgrundierung oder dem stark verdünnten Oberlack grundiert. Nach einer vorgeschriebenen Trockenzeit wird die grundierte Fläche wieder feingeschliffen. Anschließend kann der Oberlack in 1 bis 2, eventuell auch mehreren Aufträgen lackiert

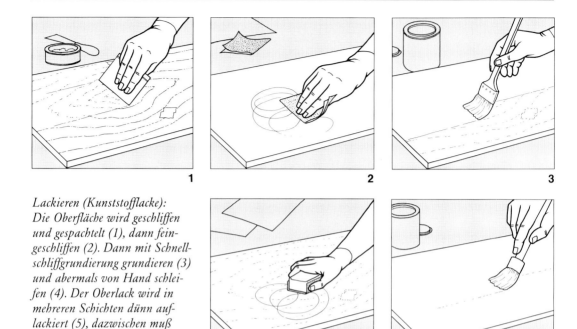

Lackieren (Kunststofflacke):
Die Oberfläche wird geschliffen
und gespachtelt (1), dann feingeschliffen (2). Dann mit Schnellschliffgrundierung grundieren (3)
und abermals von Hand schleifen (4). Der Oberlack wird in
mehreren Schichten dünn auflackiert (5), dazwischen muß
immer wieder feinstgeschliffen
werden.

werden. Zwischen diesen Arbeitsgängen kann immer noch feingeschliffen werden, um Unebenheiten und eventuell noch vorhandene Fehlstellen auszugleichen. Großzügige Trockenzeiten sind dabei gut einzuhalten.

Wie heißt es so treffend in einem alten Buch über das Lackieren: „Nach der Grundierung erfolgt die Lackierung. Qualität und Anzahl der Aufträge richtet sich nach der Arbeit selbst. Wird diese gut bezahlt und besondere Schönheit verlangt, so verwendet man beste Farbe, trägt solche mehrmals dünn auf und verwendet viel Sorgfalt beim Schleifen, während bei geringerer Arbeit, die schlecht bezahlt wird, drei (mitunter auch nur zwei) Lackierungen gut deckenden Lackes erfolgen."

Wichtig
■ Beim Kauf eines Lackes soll immer die entsprechende Verdünnung mitbesorgt werden.
■ Immer auf beste Lackqualität achten.

Bio-Lacke. Schon seit längerem sind uns Lackprodukte mit dem „Blauen Engel" bekannt. Das sind Lacke, die nach amtlicher Bewertung schadstoffarm sind, also einen Lösungsmittelgehalt unter 10 % aufweisen und frei von Zusätzen gegen Holzschädlinge sind. Ist dies zumindest ein Ansatz und ein Weg fort von der „harten" und umweltbelastenden Chemie, so wollen die Hersteller der sogenannten Bio-Lacke in „sanfter" Chemie weit mehr. Sie wollen menschenfreundliche Produkte mit pflanzlichen Binde- und Lösungsstoffen (z. B. Terpentinöl), Produkte also, die im echten Sinne dem Menschen freundlich sind und nicht nur menschenfreundlich im Sinne von pflegeleicht, schnelltrocknend und versiegelnd.

Etikettierungen wie „Bio", „umweltfreundlich" oder „Blauer Engel" sind in den letzten Jahren viel und vordergründig von der Werbung benutzt worden. Tatsache ist, daß das Bewußtsein für umweltverträgliche Lacke und holzschützende Mittel längst geweckt ist und weiterhin wach bleiben muß. Für den Verbraucher wird es zwar weiterhin schwierig sein, Inhaltsstoffe zu überprüfen, doch sind wir mit den Bio-Lacken dem Schutz der Umwelt immerhin ein Stückchen näher als mit den alles versiegelnden, in Sekundenschnelle auftrocknenden und porenverschließenden Zweikomponenten-Plastiklacken.

Ein bekannter Hersteller für Bio-Lacke und -Farben ist die Firma Auro. In einem umfangreichen Sortiment wird eine Vielzahl von Naturharzlacken, Polituren, Wachs, Farben und sogenannter Leinölfirnis angeboten. Die Verarbeitung erfolgt nach Gebrauchsanweisung, richtet sich im übrigen aber nach den zuvor beschriebenen Oberflächenbehandlungen.

Wichtig
Die Qualität einer hochwertigen Lackierung – auch einer mit dem Pinsel aufgetragenen Kunstharzlackierung – ist abhängig von:
- sorgfältiger Grundierung, die einen feinen, ebenen Untergrund für die nachfolgende Lackierung schafft,
- bester Lackqualität,
- feinem, weichem Pinsel,
- dünnen Lackschichten mit großzügigen Trockenzeiten,
- sorgfältigem Zwischenschliff,
- warmem, zugfreiem, staubfreiem Arbeitsraum.

Handpolieren (Schellack)

Über neue Seewege und Handelsbeziehungen mit dem Nahen und Fernen Osten brachten Seefahrer im 17. Jahrhundert den bis dahin unbekannten Schellack nach Europa. Schellack ist eine hochwertige Harzabsonderung der Schildlaus, die sich von dem Saft bestimmter Bäume in Indien ernährt. Diese Schellackplättchen wurden in Weingeist (also Alkohol oder Spiritus) aufgelöst und ergaben einen dünnflüssigen, schnelltrocknenden Lack. Da Schellack nicht nur rasch, sondern auch sehr hart auftrocknet, wurde er zusammen mit weicheren und etwas langsamer auftrocknenden Harzen, wie Mastix oder Terpentin, zu einer polierfähigen Mischung aufgelöst. Wie bei der Lackzubereitung in den Lackierwerkstätten, so wurden auch die verschiedenen Rezepte der Schellackpolituren und deren Verarbeitung von den Poliermeistern streng gehütet.

Man bezeichnet die Schellackpolitur als „flüchtigen Lack", im Gegensatz zu den in Öl gelösten Naturharzen, die nur sehr langsam auftrocknen. Da die Trockenzeit der Schellackpolitur sehr kurz ist, streicht man sie nicht mit dem Pinsel auf, sondern poliert sie in vielen dünnen Schichten mit einem Polierballen in das Holz ein. Die Handpolitur mit Schellack läßt die Holzmaserung transparent, im Gegensatz zu der angestrichenen oder farbig angelegten lackierten Oberfläche, bei der die Maserung völlig verdeckt wird.

Rezepturen, Arbeitsablauf und räumliche Bedingungen sind heutzutage kein Geheimnis mehr, und so ist die Schellack-Handpolitur – im Gegensatz zu einer echten Japan-/Chinalackierung – auch für den Hobbyrestaurator durchaus zu erlernen. Besonders für intarsierte Oberflächen ist Schellack ein idealer Lack, um die phantasiereich gestalteten Furnierflächen mit einer transparenten Politur zu beleben und auch zu schützen. Zum Polieren geeignet sind mittel- bis feinporige Harthölzer wie Kirsche, Birne, Ahorn, Birke, Nußbaum, Mahagoni. Unter sparsamer Zuhilfenahme von Leinöl und porenfüllenden Pulvern wird die Politur Schicht für Schicht so lange mit dem Polierballen aus Leinen und Wolle in das Holz eingerieben, bis die Poren gefüllt und geschlossen sind und die Politur glatt und glänzend auf der Oberfläche „steht".

Grob strukturiertes, großporiges Holz wie die Eiche wird nur selten poliert, da kaum ein einheitliches Oberflächenbild entsteht, d. h., die Politur „sackt" immer wieder in die Poren ab. Auch Weichholz ist zum Polieren ungeeignet.

Genau wie beim Aufbau einer guten Lackierung spielt auch bei der Handpolitur der feine, glättende Schliff zwischen den einzelnen Arbeitsgängen eine sehr wichtige Rolle.

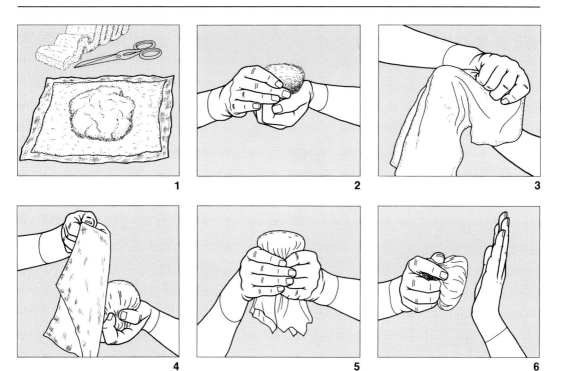

1   2   3

4   5   6

Polierballen: Aus Watte, Wolle und Leinen wird der Polierballen zubereitet (1). Der Kern des Ballens besteht aus fest zusammengedrückter Baumwollwatte (2). Über diesen Kern zieht man einen Wollappen (3), darüber ein Stück Leinen (4). Die Größe des Polierballens richtet sich nach Handgröße und Polierobjekt. Überhängende Zipfel werden abgeschnitten (5), der Ballen vor dem ersten Gebrauch etwas flachgeklopft (6).

Polierballen. Die Schellackpolitur wird nicht wie andere Lacke mit dem Pinsel auflackiert, sondern mit einem Ballen aus Watte, Wolle und Leinen in das Holz eingerieben. Der Vorteil dabei liegt in der dem Holz angepaßten Lackabgabe. Durch Druck des Polierballens wird an weichen oder porösen Stellen im Holz mehr, an harten und feinporigen Stellen weniger Politur aufgenommen. Außerdem bedeutet jede Polierbewegung einen weiteren Feinschliff für die Oberfläche.

Das Innere des Polierballens besteht aus Baumwollwatte. Ein faustgroßes Stück wird zu einem festen Kern – „mausförmig" heißt das in der Poliersprache – zusammengedrückt. Darüber zieht man einen Wollappen und darüber ein Stück Leinen. Es wird nicht immer einfach für den Laien sein, Leinen von Baumwolle oder anderen Geweben zu unterscheiden. Reines Leinen zeigt eine etwas unregelmäßige Struktur und ist ein besonders strapazierfähiges Material. Es reibt sich beim Polieren nicht durch wie Baumwolle oder andere Gewebe. Es ist wichtig, daß Watte, Wolle und Leinen rein und nicht synthetisch sind, da nur Naturmaterialien gut aufsaugen. Die Politur muß von dem Polierballen aufgesogen und leicht wieder an das Holz abgegeben werden können. Früher nahm man eine Handvoll Schafwolle mit einem Stück Leinen darüber. Für den

Schellack-Handpolitur – die
„hohe Schule" der Oberflächenbehandlung.

Anfänger ist dies nicht zu empfehlen, weil Schafwolle sehr viel
Flüssigkeit aufsaugt und der Polierballen dann zu naß poliert.
In den ersten Arbeitsgängen wird grobes Leinen über den
Polierballen gezogen, danach wird mit mittlerem bis feinem
Leinen poliert. Das Leinen kann, muß aber nicht, innerhalb
eines Arbeitsgangs ausgewechselt werden. Die Größe des ferti-

gen Polierballens richtet sich nach der Handstärke und soll so sein, daß er gut mit der Hand umschlossen werden kann.

Das Handpolieren wird in verschiedene Arbeitsgänge eingeteilt. Es ist empfehlenswert, sich für jeden Arbeitsablauf einen entsprechenden Polierballen zuzubereiten und in einem Schraubverschlußglas verschlossen zu halten. So wie ein guter Pinsel bei sorgfältiger Pflege immer wieder benützt werden kann, bereitet sich der Polierer nur einmal seinen Polierballen für jeden Arbeitsgang zu.

Der Polierballen wird – glatte Fläche nach außen – fest mit der Handinnenfläche umfaßt, der Daumen drückt dabei von links gegen den Ballen. Zum Polieren tunkt man den Polierballen in eine mit Schellackpolitur gefüllte Schale, der Ballen saugt die Politur auf; mit schnellen Bewegungen reibt man diese in das Holz ein, d. h., mit mehr oder weniger starkem Druck auf den Ballen wird die Politur auf das Holz abgegeben.

Je nach Arbeitsgang wird der Polierballen in geraden oder kreisenden Bewegungen über die Oberfläche geführt. Diese Bewegungen sollen zügig und „schwingend" sein und kommen aus dem Handgelenk. Drückt man den Ballen zu fest auf, arbeitet man zu langsam oder setzt gar auf der Fläche ab, entstehen Spuren und matte Stellen auf der bereits aufgetragenen Politur. Die rasch gleitende, reibende Bewegung bringt Wärme auf der Holzoberfläche, die wiederum läßt den Alkohol in der Politur schnell verdunsten und den Schellack gut antrocknen. Jeder Ballen soll „auspoliert" werden, d. h. trockenpoliert, bevor man wieder neue Politur aufnimmt.

Im allgemeinen verreibt man 1 bis 2 Ballen Politur auf der Oberfläche und läßt die Arbeit dann ruhen bzw. trocknen. Bei kleinen Flächen muß öfter pausiert werden. Trägt man die Politur zu rasch hintereinander auf, also ohne genügend Trockenzeit, „reißt" man sich die eben polierte Fläche leicht wieder auf (s. „Fehlstellen", Seiten 105/127).

Am besten läßt sich der Polierballen auf glatten Flächen verreiben. Zierleisten, Schnitzereien oder Gedrechseltes wird man nur in Ausnahmen mit einem kleinen Polierballen „ausziehen". Im allgemeinen werden diese Teile mit dünner Schellackpolitur oder dem sogenannten „Petersburger Lack" (auf Schellackbasis) gestrichen.

Zwischen den Trockenzeiten verschließt man den Polierballen in dem entsprechenden Glas. Er bleibt dort lange feucht und kann jederzeit wieder benutzt werden.

Bedingungen für den Arbeitsraum. Wie auch bei allen Lakkierarbeiten, so soll der Raum, in dem poliert wird, staubfrei,

Bimsmehl

Einlassen

Deckpolieren

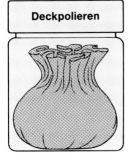

Auspolieren

Die verschiedenen Polierballen werden in gut schließenden Gläsern aufbewahrt.

zugfrei, wohltemperiert und gut beleuchtet sein. Staubfrei heißt, daß nicht im selben Raum geschliffen wird oder andere staubige Arbeit stattfindet. Staub in der Luft setzt sich beim Polieren ab und hinterläßt unregelmäßige Spuren in der Oberfläche. Zugfrei und wohltemperiert bedeutet, daß nicht bei offenem Fenster poliert werden darf. Die Raumtemperatur soll etwa 20 bis 21 °C betragen, so daß die Politur rasch und gleichmäßig auftrocknen kann. Bei Zugluft wäre dies nicht der Fall. Gute Beleuchtung direkt über der Polierarbeit ist Voraussetzung zur kritischen Beurteilung der Oberfläche. Man blickt dabei schräg über das Holz, um alle etwaigen Mängel erkennen und um beurteilen zu können, ob die Poren schon geschlossen, d. h. zupoliert sind.

Rezepte für die Schellackpolitur. Bei der Schellack-Handpolitur kann man entweder mit einer fertigen, im Handel erhältlichen Politur arbeiten oder nach den folgenden Rezepten eine Politur selbst ansetzen. Bei der im Fachhandel erhältlichen Politur ist unbedingt darauf zu achten, daß etwa 1:4 mit dem entsprechenden Verdünner verdünnt werden muß. Die nachstehenden Mischungen dagegen sollen je nach Arbeitsgang geringfügig verdünnt werden. Alle Zutaten müssen über den Fachhandel bezogen werden. Schellackplättchen gibt es nur in wenigen Tönungen (lemon, orange, rubinrot), die den natürlichen Holzton etwas unterstützen, aber nur unwesentlich färben. Will man sich die Politur tiefgrundig anfärben (z. B. schwarz), so geschieht dies mit einem lacklöslichen Farbextrakt, der in mehreren Farbtönen erhältlich ist. Spirituslösliche Pulverbeizen sind kaum noch im Fachhandel erhältlich. Mit Schellack-Kittstangen, die in vielen Tönungen zu kaufen sind, kann man sich jede Politur leicht anfärben. Man gibt sie in die fertige Mischung und läßt sie darin auflösen.

Hier die Rezepte:

- 1000 g Alkohol (96%ig) oder Polierspiritus, 20 g Mastix, 25 g Kolophonium, 110 g Schellackplättchen.
- 1000 g Alkohol, 90 g Manilakopal, 120 g Schellackplättchen.
- 1000 g Alkohol, 15 g Sandarak, 15 g Mastix, 150 g Schellackplättchen.
- 1000 g Alkohol, 140 g Sandarak, 50 g Manilakopal, 10 g Gummigutt.
- 1000 g Alkohol, 125 g Schellack, 100 g Drachenblut, 20 g Sandarak.
- 1000 g Alkohol, 30 g Venezianisches Terpentin, 10 g Drachenblut, 30 g Gummigutt, 30 g Mastix, 120 g Schellack.

Zubereitung: Für alle Rezepturen gilt, daß die jeweils angegebenen Zutaten mindestens über Nacht bei Raumtemperatur in der vorgeschriebenen Menge Alkohol aufgelöst werden. Danach filtert man die Lösung durch ein grobes Leinentuch und bewahrt die Politur in einem gut verschließbaren Glasbehälter auf. Die Harzsorten, die der Schellackpolitur beigemischt werden können:

- Elemi: weich, weißgrünlich, tropisches Baumharz.
- Benzoe: weich, rötlichgelb, Harz des „Laurus Benzoe".
- Gummi Animae (auch Weihrauch): weich, hell, tropisches Baumharz.
- Mastix: weich, hell, Baumharz des Mastixbaumes.
- Sandarak: hart, hell, Harz des Wacholderbaumes.
- Terpentin („Venezianisch"): hart, hell, Harz der Lärche.
- Kopal: hart, hell, mexikanisches Baumharz.
- Drachenblut: hart, rötlich, Harz des Drachenbaumes (Peru).
- Gummigutt: weich, gelblich, indisches Baumharz.
- Kampfer: weich, weißlich, Harz des Kampferbaumes (China).
- Kolophonium (auch Geigenharz): fällt bei der Gewinnung von Terpentinöl aus Terpentin ab.
- Balsam: Sammelbegriff für alle harzhaltigen Baumsäfte.

Die verschiedenen Arbeitsschritte beim Polieren.

Anfeuern. Holzsorten mit ausgeprägter Maserung können, müssen aber nicht, vor dem eigentlichen Polieren im Farbton und Maserungsbild belebt werden, indem man mit Schleiföl die Oberfläche „anfeuert". Man gibt dazu etwas Schleiföl auf einen weichen Wollappen und verreibt diesen kreuz und quer. Der ursprüngliche Holzfarbton wird dadurch etwas vertieft und ausdrucksvoller. Schleiföl, farblos, ist als Fertigprodukt im Handel erhältlich. Man kann sich dieses, falls eine leichte Anfärbung der Holzoberfläche gewünscht wird, mit einem in Öl löslichen Farbpulver anfärben. Die angefeuerte Holzfläche soll über Nacht ruhen. Vor dem nächsten Arbeitsgang, dem Einlassen, wird die Oberfläche mit Schleifpapier (600 bis 800) oder Stahlwolle 000 feingeschliffen.

Einlassen. Für diesen ersten Arbeitsgang mit Schellackpolitur bereitet man sich, wie beschrieben, einen Polierballen aus Watte, Wolle und grobem Leinen zu. Man wird ihn fortan zum Einlassen und Grundpolieren benutzen und während der Arbeitspausen in einem dicht schließenden Glas verwahren. Bei einem neuen, noch nicht eingearbeiteten Polierballen wird dieser zuerst mit Verdünnung angefeuchtet und dann in die Politur getaucht. Man füllt sich dazu von der Verdünnung etwas in eine flache Schale ab, die selbst angesetzte oder fertig

Einlassen

gekaufte Politur in eine zweite Schale, und tunkt den Polierballen jeweils nacheinander ein, so daß er für einen Arbeitsgang gut genäßt ist. Dieser Ballen wird auf der Fläche trockenpoliert, d. h. „auspoliert", ein zweiter Auftrag kann eventuell gleich folgen. Man sollte nicht zuviel Politur auf einmal aufnehmen, da der Ballen sonst leicht kleben bleibt. Auch ist das Mischungsverhältnis Politur/Verdünnung Erfahrungs- und Übungssache. Auf keinen Fall soll die Politur zu „dick" und der Polierballen zu naß sein.

Beim Einlassen wird mit einer „schwachen", d. h. stark verdünnten Politur grundiert. Der Polierballen wird kräftig Strich neben Strich in die Poren eingerieben. Ist die feuchte Bahn, die der Ballen nach sich zieht, verdunstet, wird die Fläche erneut durchgezogen, bis der Ballen trocken ist.

Die Bewegungen werden mit zügigem Strich ausgeführt, der Ballen darf dabei nicht auf einer Stelle ruhen, da sonst die bereits aufgetragene Politur wieder angelöst wird. Dies gilt für alle Arbeitsabläufe vom Einlassen bis zum Auspolieren. Sollte man sich dennoch die Politur an einer Stelle wieder „aufgerissen" haben, so läßt man die Oberfläche einige Stunden ruhen, schleift diese Partie feinst aus und poliert dann weiter.

Bimsmehl

Porenfüllen. Bei polierfähigen Hölzern mit mittleren bis groben Poren (z. B. Nußbaum, Rüster, Esche) füllt man die Poren mit Bimsmehl, d. h. man grundiert die Fläche, um für die eigentliche Politur einen gleichmäßigen Untergrund zu schaffen. Auch feinporiges Holz kann porengefüllt werden. Man wird dabei nur eine Schicht auftragen, während man bei großporigem Holz 2 bis 3 Ballen Porenfüllung aufträgt.

Die Porenfüllung wird aus Bimsmehl und Schellackpolitur gemischt. Man füllt dazu etwas dünne Politur in eine Schale ab und verrührt diese mit Bimsmehl, bis eine pastöse Mischung entsteht. Mit dem Ballen „Bimsmehl" (Watte und ein darübergezogenes grobes Leinen) verreibt man diese Paste zügig einmal Strich neben Strich, eventuell kreuz und quer, in das Holz. Die Fläche trocknet weißlichgrau auf. Danach schleift man fein mit Stahlwolle oder Schleifpapier der Körnung 600 bis 800. Der Schleifstaub muß sorgfältig entfernt werden. Die Poren erscheinen jetzt mehr oder weniger weißlich gefüllt.

Da die erste Porenfüllung meist ungleichmäßig ausfällt, arbeitet man ein zweites, eventuell auch ein drittes Mal nach. Wichtig ist, daß das Holz nach dem Porenfüllen sorgfältig geschliffen und gesäubert wird und keine Bimsmehlreste auf der Oberfläche verbleiben. Die nachfolgende Politur würde sich sonst unregelmäßig aufbauen, die gefürchteten „Polierläuse" würden entstehen.

Sollten jetzt noch kleine Risse, Löcher oder Fehlstellen zu erkennen sein, können diese immer noch mit Schellack, Wachs oder Holzkitt ausgebessert und feingeschliffen werden.

Grundpolieren. Das Holz ist feingeschliffen, „eingelassen", „porengefüllt", nochmals geschliffen und wird nun poliert. Bei der Grundpolitur wird der Ballen in die nach Rezept angesetzte Politur getaucht und zusätzlich noch etwas Alkohol in den Ballen gegeben. Man nimmt dazu den Ballen „Einlassen" und wechselt eventuell ab und zu den mittelgroben Leinenüberzug. Man poliert den gut getränkten Ballen auf, indem man die Oberfläche von links nach rechts kreuz oder quer in einem Zug Strich neben Strich durcharbeitet. Immer ist darauf zu achten, daß man dabei nicht in die noch feuchte, soeben aufgetragene Politur kommt, da man sich diese dabei wieder anlöst. Bei guter Raumtemperatur verdunstet der Alkohol rasch, und es bleibt jeweils eine dünne Schellackschicht haften. Man führt den Ballen zuerst mit mittlerem bis starkem Druck, doch nach den ersten Schichten immer leichter und aus dem Handgelenk über die Fläche.

Ein bis zwei Ballen werden „auspoliert", d. h. trockenpoliert, dann läßt man die Fläche über Nacht ruhen und schleift nochmals fein, also mit Stahlwolle oder Bimsmehl, bevor man weiterarbeitet.

Man kann dieses Grundpolieren über einige Tage verfolgen, bis man feststellt, daß der frisch getränkte Ballen sich nicht mehr gut über die Fläche ziehen läßt und trotz Ruhepausen und frischem Leinenüberzug immer schneller kleben bleibt. Dies ist der Moment, wo man in den nächsten Arbeitsgang „Deckpolieren" mit dem Hilfsmittel Öl übergehen muß.

Die Grundpolitur soll über Nacht ruhen. Eventuelle Fehlstellen können am nächsten Tag immer noch mit Bimsmehl oder Stahlwolle ausgeschliffen werden.

Wenn die Rede vom Schleifen mit Bimsmehl ist, so hat man einen Ballen „Bimsmehl" (Watte, Überzug, grobes Leinen), mit dem man das Pulver trocken auf der Oberfläche verreibt. Man streut dazu etwas Bimsmehl direkt auf die Fläche oder gibt es in den Ballen zwischen Watte und Leinen. Alle Schleifreste müssen, wie üblich, vor dem Weiterpolieren sorgfältig entfernt werden.

Deckpolieren. Selbst bei geübter Hand wird man beim Grundpolieren feststellen, daß der Polierballen ab einer gewissen Schicht allzu leicht hängenbleibt. Um die Polierarbeit aber

Einlassen

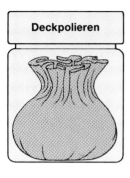

Deckpolieren

weiter aufbauen zu können, muß nun etwas Polieröl zu Hilfe genommen werden, damit der Ballen bei weiteren Aufträgen besser über die Oberfläche gleitet.

Man nimmt jetzt den Ballen „Deckpolieren" (Watte, Wolllappen, feines Leinen), getränkt mit Schellackpolitur und wenigen Tröpfchen Polieröl. Beim Deckpolieren wird die Politur kaum noch mit Alkohol verdünnt, man poliert jetzt konzentrierter. Durch das Öl gleitet der Polierballen leicht auf der Oberfläche und kann nicht mehr kleben. Man verreibt zügig, mit leichter Bewegung aus dem Handgelenk, kreis- oder achterförmig den Ballen über die ganze Fläche aus. Manchmal wird der Rand nicht ganz miterfaßt, und so reibt man diesen immer wieder gesondert in kleinen Kreisbewegungen aus. Die Mischung Politur/Öl ist richtig, wenn der Ballen eine hauchartige Spur, wie „Wolken", nach sich zieht. Es ist dies der Alkohol, der in der Ölspur verdunstet. Hat man zuviel Öl genommen, wird das Leinen schnell hart und glänzend. Man wechselt es aus und gibt noch etwas Verdünnung in den Polierballen. Auf keinen Fall soll man zuviel Öl nehmen, sondern eher sparsam damit umgehen. Das Öl ist nur ein Hilfsmittel beim Polieren. Zwar wird ein Teil davon in das Holz einpoliert, der Rest jedoch bleibt auf der Oberfläche als matter Schleier und muß abschließend wieder entfernt werden.

Beim Deckpolieren kann der Ballen länger als beim Grundpolieren auspoliert werden. Mit kräftigem Daumendruck auf den Ballen – nicht unbedingt auf das Holz – drückt man die Politur nach vorn, um sie auf das Holz abzugeben. Die Politur setzt dann besonders gut an, wenn der geübte Polierer hört, daß der Ballen beim Polieren „knirscht". Beim Deckpolieren geht es darum, so lange zu arbeiten, bis die Poren ganz geschlossen sind und die Fläche im Hochglanz steht. Auch jetzt werden immer noch Trockenpausen zwischen den einzelnen Aufträgen eingeschoben. Nach 1 bis 2 Ballen läßt man die Fläche über Nacht ruhen und poliert dann weiter.

Mit etwas Poliererfahrung kann man auch jetzt noch mit Bimsmehl arbeiten. Man nimmt etwas Bimsmehl zwischen Ballen und Leinen und wie üblich Politur und etwas Öl dazu und poliert den Ballen aus. Das Bimsmehl schleift, und der Ballen „zieht" besser. Sind die Poren geschlossen, gibt man kaum noch Öl in den Ballen, dafür verdünnt man die Politur wieder etwas mehr, um „auszupolieren".

Auspolieren. Nach 2 bis 3 Tagen Ruhezeit zeigt sich die deckpolierte Maserung zwar porengeschlossen, aber mit einem matten Ölschleier bedeckt, der in diesem letzten Arbeitsgang wieder entfernt werden muß. Zum Auspolieren bereitet man sich einen frischen Ballen zu (Watte, Wolle, feines Leinen). Anfänglich wird mit 1 bis 2 Ballen wie beim Deckpolieren weitergearbeitet, mit stark verdünnter Politur und immer noch ein wenig Öl. Dann gibt man nur noch Verdünnung in den Ballen und zieht damit letzte Ölreste hoch. Man wechselt das Leinen öfter aus, um das darin enthaltene Öl nicht erneut auf der Oberfläche zu verreiben. Aufpassen: Nimmt man zuviel Alkohol und „verknetet" ihn nicht kräftig in dem Ballen, so reißt man sich die Deckpolitur wieder auf. Das Auspolieren mit Alkohol erfordert daher einiges an Übung. Eine fertig im Handel erhältliche „Abziehpolitur" ist etwas einfacher in der Verarbeitung.

Die auspolierte Oberfläche soll etwa 60 Stunden ruhen. Erst dann ist die Politur ausgetrocknet und erhärtet.

Trotz der vielen Arbeitsgänge ist die Schellackpolitur eine empfindliche Oberflächenbehandlung, die gegen Wasser, Hitze und Alkohol und tägliche Benützung nicht sehr resistent ist. Man kann der Fläche mit einem silikonhaltigen „Hochglanzpolish" etwas zusätzlichen Schutz geben.

Mattpolieren. In wenigen Fällen wird die auspolierte Oberfläche als zu hochglänzend empfunden. Der Glanz kann etwas gebrochen werden, indem die Politur mit feinem Pulver, z. B. Bimsmehl, Wiener Kalk oder Tripel, bearbeitet wird.

Mit einem weichen Lappen oder dem Schleifkork mattiert man die Politur, indem man das Pulver auf der Oberfläche verreibt und sorgfältig wieder entfernt.

Schwarzpolieren. Will man eine Holzfläche in Schwarz polieren (z. B. bei einem Klavier), so arbeitet man nach den üblichen Polierregeln, aber mit schwarz angefärbter Schellackpolitur. Das noch unbehandelte Holz kann, bevor man zu polieren anfängt, schwarz gebeizt werden (s. „Beizen", Seite 84). Bei dem Arbeitsgang „Porenfüllen" arbeitet man nicht mit hellem Bimsmehl, sondern mit einem im Handel erhältlichen dunklen Porenfüllpulver.

Schellackpolitur ausbessern. Ist die Oberfläche eines handpolierten Möbels im Laufe der Jahre abgenutzt, fleckig und rissig geworden, so kann man sie wieder aufpolieren. Die Überlegung, ob die Politur aufgebessert oder von Grund auf neu poliert werden muß, hängt vom Zustand der Oberfläche ab. Ist die Politur sehr vergilbt, stumpf, unansehnlich und die Holzmaserung kaum noch zu erkennen, muß man alles abziehen, schleifen und neu polieren. Hat man sich für das Aufarbeiten entschieden, geht man wie folgt vor:

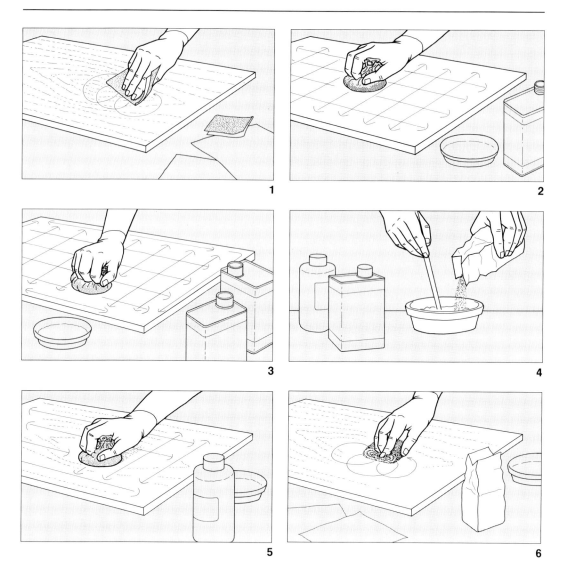

1

2

3

4

5

6

Schellackpolitur: „Gut geschliffen ist halb poliert" – immer wieder muß zwischen den einzelnen Arbeitsgängen feingeschliffen werden (1). Holzsorten mit ausgeprägter Maserung können mit Schleiföl „angefeuert" werden (2). Mit stark verdünnter Politur wird „eingelassen" (3). Zum Porenfüllen mischt man Bimsmehl mit dünner Politur zu einem dicklichen Brei (4), der dann satt in das Holz einge-

rieben wird (5). Mit Stahlwolle wird die Porenfüllung feingeschliffen (6). Die eingelassene und porengefüllte Fläche wird mit 1 bis 2 Ballen stark verdünnter Politur Strich neben Strich „grundpoliert" (7). Ein feiner Schliff mit Bimsmehl zwischen den Grundpolitur-Aufträgen erhöht die Qualität der Politur (8). Mit etwas Polieröl und konzentrierter Politur wird dann mit kreisenden

Bewegungen „deckpoliert" (9) und mit stark verdünnter Politur (oder Abziehpolitur) „auspoliert" (10).

124

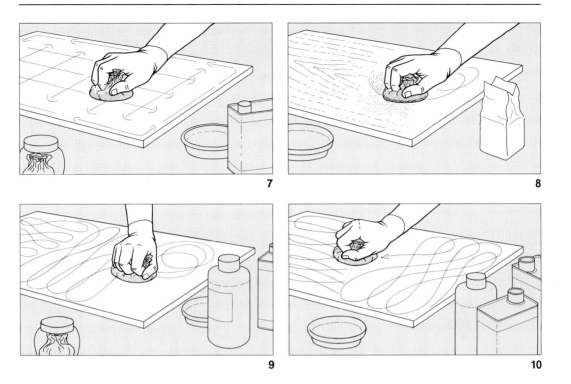

7   8

9   10

Je nach vorhandener Verschmutzung (z. B. durch Möbelpolitur, Wachs) schleift man die Oberfläche mit Stahlwolle 000 oder Schleifpapier 500 bis 600 an. Um sicher zu sein, daß man es mit einer Schellackpolitur zu tun hat, muß der Schleifstaub ganz fein und gelblich sein (vorausgesetzt, es handelt sich nicht um eine stark gefärbte Oberfläche). Dann säubert man die Fläche mit einem Ballen, der mit etwas Alkohol benetzt wird. Nicht zuviel Alkohol nehmen, das reißt die noch vorhandene Politur auf. Nach kurzer Trockenzeit wird die Fläche mit Bimsmehl und einem trockenen Leinenballen feingeschliffen. Der Schleifstaub wird sorgfältig entfernt, bevor man dann mit Schellack deckpoliert.

Mattieren

Mattieren kann man als Vorstufe zum Polieren bezeichnen. Die Fläche bleibt offenporig und soll nur matt glänzen. Alle Hölzer, die poliert werden, sind auch zum Mattieren geeignet. Die Mattierung bringt nur wenig Oberflächenschutz, sie soll die Holzmaserung lediglich mit mattem Glanz etwas beleben. Mattierungen oder Mattinen sind auf Schellack- oder Zellulosebasis fertig im Handel erhältlich. Man kann aber ebenso mit einer selbstangesetzten Schellackpolitur arbeiten und nach dem Porenfüllen nur noch einige Ballen grundpolieren.

Grundieren. Die Grundierung kann mit Schellack oder einem im Handel erhältlichen Schnellschliffgrund erfolgen. Mit dem Pinsel werden 1 bis 2 Arbeitsgänge Strich neben Strich auf die feinstgeschliffene Oberfläche aufgestrichen. Nach vorgeschriebener Trockenzeit, am besten über Nacht, wird die Grundierung feingeschliffen, mit Stahlwolle oder Schleifpapier 600 bis 800. Der Schleifstaub wird sorgfältig entfernt.

Mattieren. Mit einem Polierballen wird die Schellackpolitur (Konzentration etwa wie beim Deckpolieren) oder die Mattine in Maserungsrichtung Strich neben Strich aufgerieben. Fertig gekaufte Mattinen setzen sehr schnell an und können daher nicht in kreisenden Bewegungen verarbeitet werden. Der Polierballen würde zu leicht festkleben.

Nach zwei- bis dreimaligem Auftrag läßt man die Arbeit ruhen (verschließt den Ballen in einem Glas) und wiederholt den Vorgang am nächsten Tag. Falls Fehlstellen eingearbeitet wurden, kann man nochmals feinschleifen. Nach einigen Arbeitsgängen zeigt sich ein matter Glanz auf der Oberfläche, und man schließt die Mattierung mit 2 bis 3 Ballen stark verdünnter Mattine oder Schellackpolitur ab.

Handpolieren Schritt für Schritt

Arbeitsschritt	Arbeitsmittel	Hilfsmittel	Arbeitsweise	Trockenzeit	Nachbehandlung
Anfeuern	Schleiföl (farblos)	Wollappen	kräftig kreuz und quer einreiben	über Nacht	
Einlassen (Grundieren)	Schellackpolitur (stark verdünnt)	Polierballen „Einlassen"	Strich neben Strich, kräftig und schnell, 1 bis 2 Ballen	etwa 1 Stunde	Schliff (600 oder Stahlwolle)
Porenfüllen	Bimsmehl mit Politur vermischt	Ballen „Bimsmehl"	kreuz und quer, rasch und kräftig, mehrmals	mind. 1 Stunde (auch länger)	Schliff (600 oder Stahlwolle)
Grundpolieren	Schlellackpolitur, Verdünnung	Polierballen „Grundpolieren"	Strich neben Strich, kreuz und quer, erst stärker, dann zunehmend schwächerer Druck, jeweils 1 bis 2 Ballen	einige Stunden oder mehr	Schliff (600 bis 800er Stahlwolle oder Bimsmehl)

Arbeitsschritt	Arbeitsmittel	Hilfsmittel	Arbeitsweise	Trockenzeit	Nachbehandlung
Deckpolieren	Schellackpolitur, Verdünnung, Polieröl	Polierballen „Deckpolieren"	rasche, kreisende Bewegungen aus dem Handgelenk, 1 Ballen	über Nacht	Feinschliff mit Bimsmehl nur noch bei Fehlstellen
Auspolieren	Schellackpolitur, Verdünnung, Abziehpolitur	Polierballen „Auspolieren", frisches, feines Leinen	rasche, kreisende Bewegungen aus dem Handgelenk	3 bis 4 Tage	

Fehlstellen in der Politur

Art der Fehlstelle	Ursache	Abhilfe
Körnige Flecken	sog. „Polierläuse" Bimsmehl wurde nicht sorgfältig ausgeschliffen und entfernt	betroffene Partien großzügig feinschleifen und wieder polieren
Weiß-graue Flecken	es wurde bei feuchter, zugiger, evtl. zu kühler Raumtemperatur poliert	bei geeigneter Temperatur (20 bis 22°C) austrocknen lassen, feinschleifen und wieder polieren
Stumpfe Stellen	es wurde zu feucht poliert, der Polierballen hat Teile der Politur wieder „aufgerissen"	über Nacht ruhen lassen, feinschleifen und wieder polieren
Rauhe Oberfläche	es wurde in staubiger Umgebung poliert	Fläche fein durchschleifen und weiterpolieren
Unregelmäßige, „wellige" Oberfläche	es wurde zu rasch und mit zuviel Öl poliert, die Politur hat sich unregelmäßig aufgebaut	schleifen – eventuell bis auf den Grund – und neu polieren
Matter Grauschleier auf der fertigpolierten Fläche	noch vorhandenes Öl	auspolieren mit Verdünnung oder Abziehpolitur
Fläche trocknet (auch nach 3 bis 4 Tagen) nicht auf	minderwertige Politur, oder zwei nicht verträgliche Lacksorten wurden verwendet	Fläche abziehen und neu polieren

Poliment-
vergoldung

Unter Vergolden versteht man das Überziehen einer Oberfläche mit hauchdünnen Goldblättchen. Das Trägermaterial – in unserem Falle Holz – wird mit mehreren Schichten aus Leim, Kreide und Ton überzogen und damit, allerfeinst geschliffen, für die Goldauflage vorbereitet.

Die klassische Vergoldung

Die klassische Vergoldung ist die Polimentvergoldung. Sie wird auch Glanzvergoldung genannt, denn von den verschiedenen Möglichkeiten der Oberflächenvergoldung ist dies die einzige, die zu hohem Glanz poliert werden kann. Poliment ist ein heute im Französischen nicht mehr gebräuchlicher Ausdruck für Glanz, Glätten, Schleifen, Polieren. Der Vergolder allerdings bezeichnet als Poliment die Goldhaftschicht aus feinem, fetthaltigem Ton (Bolus), die die Eigenschaft hat, hauchdünne Goldblättchen an sich zu binden.

Glanz und Wert des Goldes haben den Menschen von jeher fasziniert, und so ist es nicht verwunderlich, daß man schon früh nach einer Technik suchte, dieses kostbare Edelmetall nicht nur massiv, sondern auch dünn und sparsam zu verarbeiten. Da Gold weich, dehnbar und leicht zu verarbeiten ist, fand man einen Weg, es in dünne Platten zu „schlagen" und Gegenstände von oft minderer Qualität zunächst mit Goldblech zu überziehen („plattieren") oder in verfeinerter Technik mit Blattgold zu verzieren. Ähnlich wie bei der Intarsie, wo billi-

Neu vergoldete Randleiste eines schwarz lackierten Bilderrahmens mit Goldornamenten. Mit dem Polierachat wird die Vergoldung auf Hochglanz gerieben.

129

ges Holz mit seltenem und wertvollem Furnier verkleidet wird, erscheint beim Vergolden einfaches Material in strahlendem Glanz.

Gold wird heute bis zu $1/8000$ mm (im extremsten Falle bis zu $1/11000$ mm) fein „geschlagen". Die im wahrsten Sinne hauchdünnen Goldblättchen werden quadratisch in Größen von etwa 60 bis 120 mm zugeschnitten und in kleine Hefte mit je 25 Goldblättchen gepackt.

Blattgold gibt es in verschiedenen Legierungen und unterschiedlichen Farbtönen: Rot, Orange, Zitron, Grün oder Weiß, je nachdem, wie die Legierung zusammengesetzt ist.

Gold zeichnet sich besonders durch seine Unveränderlichkeit und seine geringe Empfindlichkeit gegen Substanzen aus, die für andere Metalle als Lösungsmittel gelten, Gold wird nicht von Sauerstoff angegriffen – es oxydiert also nicht – und ist resistent gegen einfache Säuren und Alkalien.

Der Restaurator oder Vergolder wird wohl kaum ein im Handel gekauftes Blattgold auf seine Echtheit überprüfen müssen. Allerdings wird es vorkommen, daß er bei der Restaurierung einer alten Vergoldung deren Qualität und die Auswahl des Ausbesserungsmaterials festlegen muß. Handelt es sich um eine echte Blattvergoldung, die entsprechend erneuert werden muß, oder nur um ein Surrogat? Um dies zu erkennen, gibt man auf das vermeintliche Blattgold eine verdünnte Lösung Kupferchlorid. Wird keine Reaktion sichtbar, hat man es mit einer echten Vergoldung zu tun. Zeigen sich dagegen schwarze Flecken, handelt es sich um eine unechte Vergoldung. Unechtes Blattgold löst sich in Salpetersäure oder Salzsäure auf, Gold nicht.

Gold wird von Ätznatron nicht angegriffen. Beim Abbeizen bleibt die echte Vergoldung also erhalten. Sie ist danach jedoch extrem empfindlich und mechanisch kaum belastbar.

Werkzeuge und Hilfsmittel

Für die Vergoldung benötigt man, in der Reihenfolge des Aufbaus, folgende Werkzeuge und Hilfsmittel:
- Wärmeplatte
- Topf im Wasserbad
- Kreidegrundsieb
- Bimsstein, fein
- Profileisen oder Gravierhaken, Auszieheisen

- Schleifpapier, Naßschliff Körnung 400–600
- Schwamm
- Polierstab
- Polimentsieb
- Polimentbürste
- Vergolderkissen
- Vergoldermesser
- Anschießer (Pinsel, flach und breit)
- Netzpinsel
- Polierstein (Achat) in verschiedenen Formen
- mehrere Borsten- und Haarpinsel, flache und runde, zum Auftragen der verschiedenen Grundierungen, wie Leim, Kreide und Poliment.

Von links: Kreidesiebe, groß und klein, Wasserbad, verschiedene Graviereisen und Pinsel.

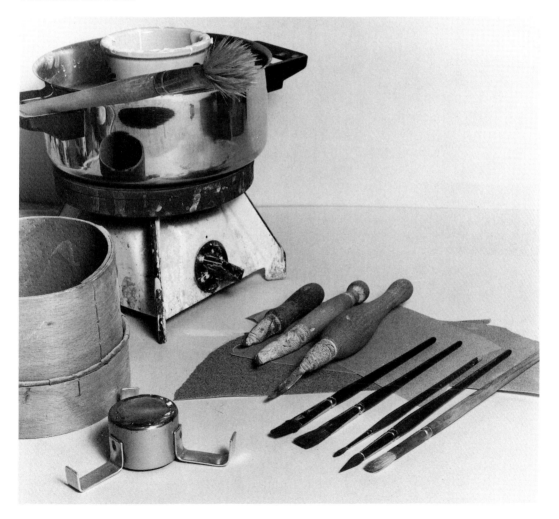

Von hinten nach vorn: Verschiedene Polimente, Gold- und Silberleisten, verschiedene Kreidepulver, Leimkörner und -tafeln.

Von links: Anschießer, Vergolderkissen mit Messer, Bürste, verschiedene Poliersteine.

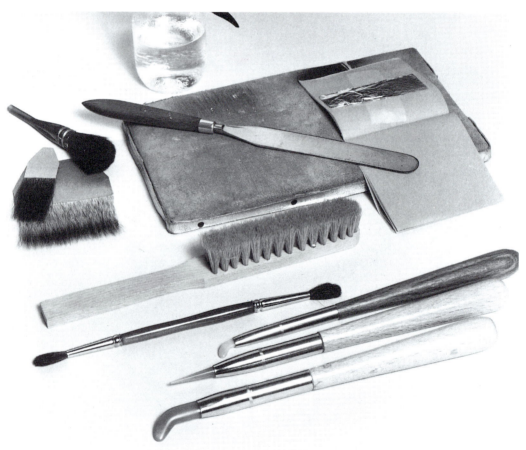

1. Vorleimen

2. Steinkreide
gestupft

3. Weißgrund
gestupft

4. Weißgrund
flüssig grundiert

5. Weißgrund
grundiert
(ausgrundiert)

6. Geschliffen

7. Kreidegrund
gelöscht

8. Gelbes Poliment

8. Gelbes Poliment

9. Gelbes Poliment
(für Mattgold)

10. Rotes Poliment
(für Glanzgold)

11. Blattgold
angeschossen

12. Blattgold poliert
(Matt – Glanz –
Kontrast)

13. Gold
durchgerieben

14. Gold getönt
(4 Aufträge)

15. Patiniert

133

Aufbau der Polimentvergoldung

Vorbereiten des Holzes

Der Untergrund, das sogenannte Trägermaterial für die Vergoldung – in unserem Falle Holz –, muß trocken, fett- und staubfrei, sorgfältig geschliffen und in seiner Oberfläche tadellos sein. Eventuelle Risse, Löcher und Harzgallen müssen ausgebessert werden. Wie bei der Schellackpolitur und auch bei allen anderen Lackarbeiten, sind die Vorbereitungen, wie Feinschliff und eine einwandfreie Grundierung, notwendige Voraussetzung für die abschließende Vergoldung und für das Polieren.

Bevor die erste Grundierung aufgebracht wird, muß das rohe Holz mit einer heißen Essiglösung oder einer Mischung aus Salmiak und Spiritus entfettet werden. Die Holzporen saugen sich dabei auf und lassen die anschließende Leimtränke und Steingrundierung besser und gleichmäßiger einziehen.

Leimtränke

Das entfettete und feinstgeschliffene Holz wird mit einer sehr warmen Leimlösung, der Leimtränke, mittels Pinsel eingelassen. Die Leimlösung soll gleichmäßig in das Holz einziehen und nach dem Abtrocknen einen leicht glitzernden Schimmer auf der Holzoberfläche hinterlassen. Dieses Ergebnis ist natürlich von der Holzsorte abhängig, ebenso wie es Erfahrungssache ist, wie satt man dabei einstreicht. Hartes und feinporiges Holz wird weniger Lösung aufnehmen (man verdünnt die Leimtränke dann stärker), Weichholz dagegen schluckt mehr Flüssigkeit.

Der Anfänger sollte bei allen Arbeitsgängen, wie auch beim Abbeizen und Färben, immer erst an einem Probestück der gleichen Holzsorte probieren.

Es gibt Vergolder, die sich ihre Leimtränke mit Schlämmkreide etwas anfärben, um zu verfolgen, ob die Tränke gleichmäßig aufgetragen wurde.

Steingrund

Die erste auf das mit Leim getränkte Holz aufgetragene Grundierung nennt man Steingrund, eine Leimfarbe, die mit Steinkreide hergestellt wird. Der Steingrund wird ziemlich heiß mit einem groben Pinsel aufgestupft. Man gibt diese Grundierung zügig auf, da sie schnell erstarrt. Es entsteht ein griffiger Grund für die folgenden feinen und weißen Kreidegrundierungen. Der Steingrund kann zweimal aufgestupft werden. Doch ist darauf zu achten, daß er feinen Verzierungen oder Schnitzereien nicht zusetzt.

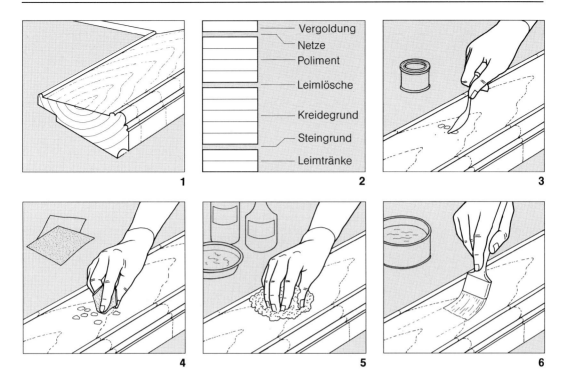

In the diagram (2), the layers from top to bottom are labeled:
Vergoldung
Netze
Poliment
Leimlösche
Kreidegrund
Steingrund
Leimtränke

Kreidegrund

Vergolden: Mit verschiedenen Schichten aus Leim, Kreide und Ton wird ein Holzrahmen für die Vergoldung vorbereitet (1 und 2). Eventuelle Risse oder Löcher im Holz müssen ausgebessert werden (3). Für einen tadellosen Untergrund muß das Holz feingeschliffen, staubfrei und trocken sein (4). Mit heißer Essiglösung wird das rohe Holz gesäubert und entfettet (5), dann feinstgeschliffen und mit einer warmen Leimlösung getränkt (6).

Die nun folgende Kreidegrundierung bildet neben dem Steingrund den Übergang, eine Art Puffer, zwischen dem Holz und dem Poliment als eigentlichem Blattgoldträger. Es muß nochmals betont werden, wie wichtig diese Grundierungen sind, um dem Gold eine glatte, glänzende Auflage zu geben.
In aller Regel grundiert man fünf- bis sechsmal mit Kreide. Alle Grundierungen sollen in gleicher Stärke aufgetragen werden. Man arbeitet dabei sehr zügig. Während der Verarbeitung wird der Kreidegrund im Wasserbad auf gleichmäßiger Temperatur gehalten, damit er nicht erstarrt. Auch muß darauf geachtet werden, daß die Raumtemperatur bei 20 bis 22 °C liegt.
Jeder Kreidegrund muß vor der Verwendung durch ein Kreidegrundsieb gegeben werden. Er wird bis zum dritten Auftrag mit einem Pinsel „angerieben" oder „gestupft", die weiteren 4 bis 5 Aufträge werden normal gestrichen. Wichtig ist ein gleichmäßiges Stupfen, um keine zu dicken Schichten aufzubauen. Bei Schnitzereien allerdings können erhabene Stellen etwas stärker gestupft werden.
Um eine gute Verbindung mit dem zuvor aufgetragenen Steingrund zu erhalten, wird die erste Kreideschicht heiß und dünn aufgetragen. Die weiteren Schichten können etwas dicker und handwarm ausfallen. Die letzte Schicht wird dünn und flüssig

135

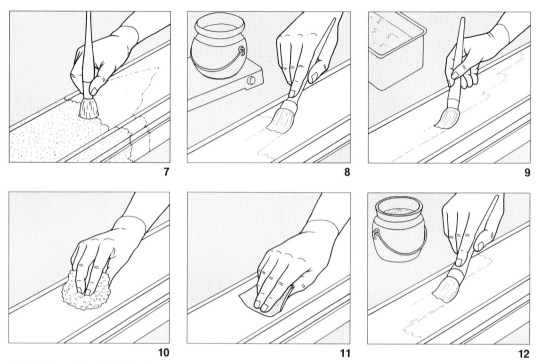

7 8 9

10 11 12

Der Steingrund wird heiß mit grobem Pinsel ein- bis zweimal aufgestupft (7). In 5 bis 6 Schichten wird die warme Kreidegrundierung „angerieben" und gestrichen (8). Nach der letzten Kreidegrundierung wird mit weichem Pinsel und lauwarmem Wasser geglättet (9). Die gut durchgetrockneten Kreideschichten werden nun leicht angefeuchtet (10) und „über Hand" feingeschliffen (11). Mit weichem Pinsel wird die Grundierung mit einer Leimlösche abgesperrt (12).

ausgrundiert. Es muß unbedingt darauf geachtet werden, daß jede Schicht Kreidegrund gut durchgetrocknet ist, bevor die nächste Auflage kommt.

Während des Kreidegrundierens nützt der Vergolder die Trokkenzeiten, um genau zu beobachten, wo eventuell noch Fehlstellen im Holz zu erkennen sind. Mit einer ähnlichen Mischung wie dem Kreidegrund (dicker und etwas weniger Leim, man nennt das „erstarrten" Kreidegrund) bessert er aus. Nach der letzten dünnen Kreidegrundierung wird mit einem weichen Pinsel und lauwarmem Wasser geglättet. Je nach Größe der Fläche feuchtet der Vergolder den Pinsel statt mit destilliertem Wasser auch mit Speichel an.

Mit 6 bis 8 Kreidegrundierungen hat man sich eine solide Schicht aufgebaut, in oder auf die, je nach Vorgabe, graviert, punziert oder auch verziert werden kann.

Kreidegrund schleifen. Wie überall in der Holzoberflächenbehandlung, spielt das Schleifen auch hier eine wichtige Rolle. Nur auf einem sehr sorgfältig geschliffenen Untergrund können sich die folgenden Schichten makellos aufbauen.

Nach der letzten Kreideschicht muß die gut durchgetrocknete Grundierung so fein wie möglich geschliffen, eventuell noch vorhandene Fehlstellen müssen ausgebessert werden. Die sich

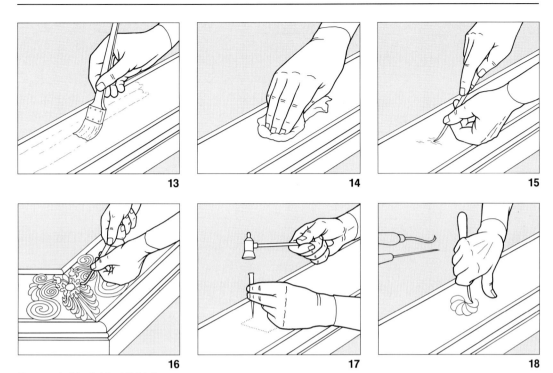

13   14   15

16   17   18

Dann wird in 3 bis 4 Schichten mit dem „Fischpinsel" Poliment aufgetragen (13). Die gut durchgetrocknete polimentierte Fläche muß mit weichem Tuch durchgerieben werden (14). Etwaige Unebenheiten im Kreidegrund werden mit dem Reparier- oder Graviereisen abgeschabt (16). Feine Formen und Verzierungen dürfen sich beim Grundieren nicht zusetzen. Mit Punze (17) oder Gravierhaken (18) können Muster oder Formen in den Kreidegrund graviert werden.

anschließenden Polimentschichten bauen nur noch auf und dürfen nichts mehr korrigieren. Sie sind dazu auch nicht mehr in der Lage. Jeder noch so feine Kratzer in der Grundierung wird nach dem Polieren deutlich sichtbar sein.

Zum Feinschliff der Kreidegrundierung kann man verschiedene Mittel benutzen. Früher wurde meist mit Schachtelhalm oder Zinnkraut geschliffen. Heute nimmt man Schleifpapier oder feinen Bimsstein. Der Kreidegrund wird feucht oder trocken mit Naßschliffpapier in der Körnung 400 bis 600 geschliffen. Mit einem Schwämmchen feuchtet man den Grund leicht an und schleift mit feinem Papier oder sauberem Leinen meist kreisförmig „über Hand", also nicht, wie auf Holz, über einen Schleifklotz. Es schadet nichts, wenn sich das Schleifpapier rasch zusetzt, der Schliff wird damit nur noch feiner.

Gravierungen, Verzierungen und Profile müssen natürlich besonders vorsichtig bearbeitet werden. Man kann dabei mit einem Polierstab (z. B. aus Buchsbaum) oder mit Schachtelhalm, dem Schleifmittel der alten Vergolder, schleifen. Auch kann, wie bei feinen Holzschnitzereien, mit einem Stäbchen, um das Schleifpapier gelegt wird, geschliffen werden. Feinste Stahlwolle ist nur sehr bedingt zu empfehlen; die feinen Stahlfasern können später Rostflecken und Kratzer in der Vergoldung verursachen. Wie bei allen Arbeitsgängen, ist auch hier der sichere Blick für die Beurteilung der Oberfläche Erfahrungssache.

Kreidegrund gravieren. Zeigen sich auf dem Kreidegrund noch kleine Fehlstellen, so müssen diese jetzt korrigiert werden. Der Vergolder arbeitet solche Stellen mit dem Reparier- oder Graviereisen nach. Es braucht nicht betont zu werden, daß man auf dem weichen Kreidegrund sehr umsichtig arbeiten muß. Etwaige Unebenheiten werden vorsichtig abgeschabt oder abgezogen. Auf keinen Fall darf man wieder auf den Steingrund oder gar das Holz kommen.

Bei verzierten Oberflächen kann es sein, daß sich beim Grundieren feine Linien, Ornamente usw. zugesetzt haben. Mit dem Gravierhaken oder dem Profilier- oder Auszieheisen werden die Konturen nachgeschnitten und nachgezogen, damit die Feinheit der Formen und Figuren erhalten bleibt. Das ist neben dem Schleifen einer der wichtigsten Arbeitsgänge.

Ähnlich wie bei der Intarsienverzierung, gibt es auch beim Vergolden das Punzieren oder Gravieren. Mit verschiedenen Punzen oder Gravierhaken werden Formen nach Vorlagemustern in den Kreidegrund graviert. Das Gravieren auf Kreidegrund verlangt 2 bis 3 Grundierungen mehr als üblich. Auch sollte der Kreidegrund mit einem höheren Anteil Bologneser Kreide angesetzt werden.

Leimlösche

Auf die in verschiedenen Schichten aufgebaute und feinstgeschliffene Kreidegrundierung gibt man nun die Leimlösche. Der Kreidegrund wird somit für die nächsten Schichten, das Poliment, abgesperrt (ähnlich wie beim ersten Arbeitsgang das Holz mit einer Leimtränke isoliert wurde). Gleichzeitig wird der beim Naßschleifen entstandene oberflächliche Leimverlust ausgeglichen.

Die Leimlösche wird im Wasserbad erhitzt und warm mit einem Pinsel einmal schnell und gleichmäßig aufgetragen. Um kenntlich zu machen, daß die Lösche auch wirklich überall hinkommt, wird sie mit ein wenig gelbem Poliment eingetönt. Bevor mit dem Auftragen des Poliments begonnen werden kann, muß die Oberfläche einige Stunden austrocknen.

Poliment

Mit dem Auftragen des nun folgenden Poliments kommt man zu der wichtigsten Schicht und dem eigentlichen Haftgrund für die Goldblättchen. Wie schon erwähnt, hat der fetthaltige Ton (Bolus) im Poliment die Eigenschaft, Goldblättchen an sich zu binden. Früher hat der Vergolder sich das Poliment selbst zubereitet und eine ganz bestimmte Tonsorte (armenischen Bolus) in Wasser aufgelöst und mit Venezianischer Seife (eine besonders fette Seife) aufgewärmt. Diese mühevolle Zubereitung kann man sich heute ersparen, indem man eine fertige Polimentpaste kauft. Poliment gibt es in vielen Farbtönen, z. B. Gelb, Beige, Rot, Grün, Blau und Schwarz. Für die Qualität spielt der Farbton keine Rolle. Die klassische Vergoldung bedient sich in der Regel des gelben und roten Poliments, seltener des schwarzen. Alle anderen Farben sind eher modische Erscheinungen. Gelbes Poliment wird unter mattes, nicht poliertes Gold gesetzt, rotes Poliment unter Glanzgold. Man denke an den rötlichen Farbton, der oft unter alten Vergoldungen sichtbar wird; es ist das traditionelle rote Poliment. Poliment trägt man mit dem Pinsel auf, und das ist an sich keine schwierige Sache. Sehr wichtig allerdings ist die richtige Menge Leim, die dem Poliment im warmen Wasserbad langsam zugeführt wird. Jedes Poliment muß außerdem vor Gebrauch durch ein feines Polimentsieb gegeben werden. Auch muß das Polimentieren unbedingt in einem staubfreien Raum durchgeführt werden. Es wird danach nur noch allerfeinst geschliffen.

Mit einem weichen Pinsel (Fischpinsel) wird das Poliment aufgetragen. Jeder Auftrag soll gleichmäßig und auf keinen Fall zu dick sein. Auch sollte man Hin- und Herstreichen vermeiden. Im allgemeinen rechnet man mit 3 bis 4 Schichten. Jeder Auftrag muß gut durchtrocknen. Sollen einige Stellen in der Vergoldung später matt und nicht glänzend poliert werden (z. B. tieferliegende Partien, Hohlkehlen, Hintergründe von Gravierungen), so nimmt man dort nur 1 bis 2 Polimentaufträge (gelb) vor.

Abschließend wird die polimentierte Fläche mit einem weichen Tuch oder der Polierbürste abgerieben. Das Berühren der Oberfläche mit bloßen Händen ist zu vermeiden, da dies Fettspuren hinterläßt und die Goldblättchen dann nicht mehr gut haften würden.

Die nun folgende Netze wird zeigen, ob das Poliment in der richtigen Leimstärke verarbeitet wurde. Zieht sie zu schnell ein und rauht die feine, mattglänzende Oberfläche wieder auf, so hat man das Poliment mit zu wenig Leim angesetzt. Man muß es dann abschleifen und Poliment in der richtigen Konsistenz auftragen. Um sich diese Enttäuschung zu ersparen, wird man, wie bei allen Arbeitsgängen, an einem Probestück nebenher ausprobieren.

Zur besseren Haftung für das Gold wird eine „Netze" auf das Poliment gestrichen.

Netzen und Vergolden

Nach allen vorbereitenden Arbeiten, wie Leimtränken, Kreidegrundieren, Schleifen, Ausbessern, Leimlöschen und Polimentieren, kommt man dann endlich zu der krönenden Abschlußarbeit, dem eigentlichen Vergolden. Und wieder muß betont werden, daß der Abschluß nur „krönend" sein kann, wenn alle Vorarbeiten bestens ausgeführt wurden.

Im Vergleich zu den vorangegangenen Schichten ist dieser letzte Arbeitsgang verhältnismäßig schnell ausgeführt. Der Vergolder hat neben den dazu nötigen Materialien und Hilfsmitteln, wie Vergolderkissen mit dem Blattgold, Vergoldermesser, Anschießer und Pinsel, auch die sogenannte Netze vorbereitet. Mit der auf Zimmertemperatur gehaltenen Netze wird das inzwischen abgetrocknete Poliment wieder befeuchtet (benetzt), um die Goldblättchen beim Auflegen – man nennt das Anschießen – gut haften zu lassen. Es ist also das feuchte Poliment, das die hauchdünnen Goldblättchen an sich bindet. Benetzt werden immer nur kleine Partien, um schrittweise das Poliment anzufeuchten und die Blättchen anzuschießen.

Man vergoldet von links nach rechts. Zuerst wird man die zu mattierenden und dann die zu polierenden Flächen vergolden. Man beginnt mit den glatten Flächen oder höher liegenden Partien von Profilen, Verzierungen und Schnitzereien, arbeitet sich also von den Höhen in die tiefer gelegenen Teile vor.

Sicher wird es dem Anfänger sehr schwierig erscheinen, das hauchzarte Goldblättchen aus dem Heftchen heil auf das benetzte Poliment zu bringen. Mit etwas Übung läuft dieser

Ein Goldblättchen wird um die Messerschneide geblasen (1), auf das Vergolderkissen gelegt und in Teile geschnitten (2).

1

2

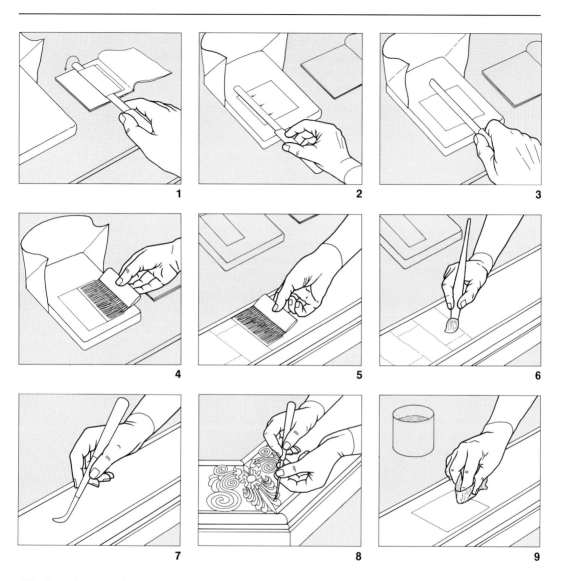

Mit einem Messer hebt man ein
Goldblättchen aus dem Heft (1)
auf das Vergolderkissen (2).
Je nach gewünschter Größe wird
das Goldblättchen geteilt (3).
Mit dem Anschießer (4) bringt
man das Goldblättchen auf das
Poliment (5), wo es mit weichem
Versäuberungspinsel angedrückt
wird (6).

Mit dem Polierstein werden die
Goldblättchen festgerieben und
poliert (7). Verzierungen werden
mit dem Polierstab bearbeitet (8).
Erscheint eine ausgebesserte Stelle
zu glänzend, wird mit feinstem
Schliff (Bimsmehl) patiniert (9).

Vorgang so ab: Man legt das Heftchen (aufgeschlagen) auf das Vergolderkissen. Die Schneide des Messers legt man nun quer über ein Goldblättchen und hebt es ab, indem man es über die Schneide bläst; dann wird es glatt auf das Vergolderkissen gelegt. Je nach gewünschter Größe wird man es hier in kleinere Teile schneiden oder auch im Ganzen belassen und dann vom Vergolderkissen mit dem Anschießpinsel auf das benetzte Poliment transponieren. Der Vergolder streicht dazu mit dem Anschießer leicht über sein Haar, über Wange oder Handrükken. Dabei nimmt der Pinsel etwas Fett an, genug, um das Goldblättchen haften zu lassen und auf die Polimentfläche zu bringen. Die aufgelegten Goldblättchen sollen wie Schuppen leicht überlappen.

Nun bläst man eventuelle Luftbläschen oder zuviel Netze aus. Nie darf dabei die Netze über schon vergoldete Teile laufen, da das Netzflecken hinterlassen würde. Auch könnte dort nur noch schlecht poliert werden.

Mit dem weichen Versäuberungspinsel werden die Blättchen in der gleichen Richtung, in der sie aufgelegt wurden, angedrückt. Ist die ganze Fläche gleichmäßig belegt, muß die Vergoldung bei Raumtemperatur einige Stunden trocknen.

Ausbessern einer Poliment-vergoldung

Das entfettete und feinstgeschliffene Holz wird mit warmer Leimlösung getränkt (1). Mit grobem Pinsel stupft man den Steingrund auf (2). Der Kreidegrund wird in 3 Schichten „angerieben" oder gestupft (3). 4 bis 5 weitere Schichten Kreidegrund, mit feinem Pinsel dünn aufgestrichen, folgen (4). Sobald er gut durchgetrocknet ist, wird der Kreidegrund feingeschliffen (5), dann mit noch warmer Leimlösche bestrichen (6). Jetzt werden 3 bis 4 Schichten Poliment mit weichem Pinsel dünn aufgetragen (7). Mit dem Anschießer legt man nun die Goldblättchen auf (8) und reibt sie mit dem Polierstein fest und glänzend (9).

1

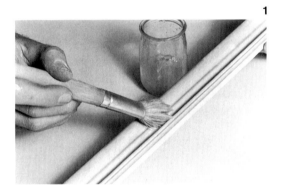

2

3

Polieren

Im letzten Arbeitsgang wird die Polimentvergoldung, die ja auch Glanzvergoldung genannt wird, zu Hochglanz poliert. Mit dem Polierstein (einem handlich gefaßten Achat) wird die Vergoldung poliert und auf Glanz gebracht. Dies muß mit gleichmäßigem Druck geschehen, da sonst Streifen entstehen. Der Achat muß eine saubere, staub- und fettfreie Oberfläche haben und darf auch keinerlei Kratzer oder sonstige Beschädigungen oder Verunreinigungen aufweisen.

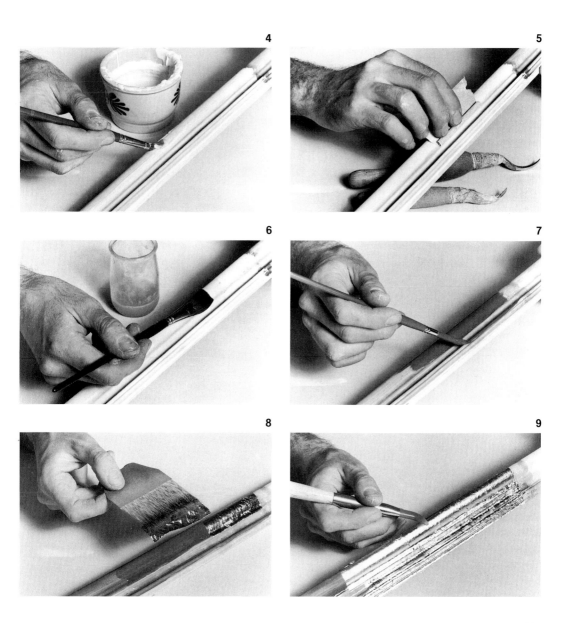

Pflege der Vergoldung

Vergoldetes Holz, das in seiner Oberfläche noch gut erhalten ist, sollte beim Säubern auf keinen Fall mit einer Politur behandelt werden. Einfaches Entstauben ist zu empfehlen. Bei leichter Verschmutzung kann die Fläche mit frischem Brot oder einer aufgeschnittenen Zwiebel abgerieben werden. Ein Zuviel an Reibung und Feuchtigkeit führt jedoch sehr schnell zu Beschädigungen. Man kann sich auch eine Netze aus gleichen Teilen Alkohol und destilliertem Wasser herstellen und damit die Vergoldung überstreichen. Nach dem Trocknen reibt man die Fläche mit feinem Leder oder frischem Brot ab. Wie schon erwähnt, greift der Alkohol das Gold nicht an, sondern verleiht ihm eher wieder seinen frischen Glanz.

Die Reinigung einer alten Vergoldung ist selbst für den Fachmann immer eine heikle Sache. Ein Zuwenig ist deshalb oft besser als ein Zuviel.

Neuvergoldung patinieren

Hat der Restaurator eine alte Vergoldung ausgebessert, so wird die Neuvergoldung neben der alten viel zu glänzend erscheinen. Man wird in solchen Fällen tönen müssen, d. h. das Gold dem schwächeren Glanz der alten Vergoldung anpassen. Die einfachste Methode ist, die Neuvergoldung feinst abzureiben und ihr so den starken Glanz zu nehmen. In den meisten Fällen aber wird man den neuen, frischen Goldton dem alten Gold farblich anpassen müssen. Man kann dies mit verschiedenen Lösungen erreichen.

Hasenleimlösung. Man kann mit dem eigentlichen Grundstoff der Vergolder arbeiten, einer dünnen Hasenleimlösung, die wiederum mit Farbstoffen, Wasserfarben oder seltener mit Erdfarbpigmenten angefärbt wird.

Gefärbter Spirituslack. Eine Schellackpolitur, farblos, wird mit Pflanzenfarbstoffen oder Lasurfarben so eingetönt, daß man sie dem alten Goldton angleicht. Man nimmt dazu Aloe, Gummigutt und andere Pflanzenfarbstoffe wie Sandelholz, Drachenblut oder Karmin.

Gefärbter Schleiflack. Hierfür wird ein farbloser Schleiflack mit Terpentinöl gut verdünnt und wiederum mit Erdfarbpigmenten so abgetönt, daß er dem alten Goldton nahekommt.

An den Schadstellen (1) wird mit feinem Pinsel der beschädigte Kreidegrund ausgebessert (2) und mit dem Reparierhaken geglättet (3), um danach Poliment und Gold auftragen zu können.

1

2

3

Ausbessern einer Polimentvergoldung

Beim Ausbessern einer beschädigten Vergoldung muß als erstes festgestellt werden, mit welchen Materialien restauriert werden muß. Ganz gewiß ist es für den Anfänger nicht einfach zu entscheiden, ob es sich um eine echte oder unechte Glanzvergoldung handelt und auf welche Grundierungen die Vergoldung aufgesetzt wurde. Es gibt immerhin einige Methoden und Mittel, eine goldglänzende Oberfläche herzustellen.

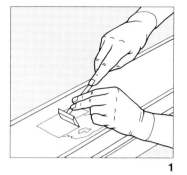

1   2

Ausbessern: Lose Vergoldung und Poliment müssen manchmal bis auf den Kreidegrund abgeschabt werden (1). Der freiliegende Kreidegrund wird mit Leimlösche bestrichen (2), bevor Poliment und Vergoldung wieder aufgetragen werden können.

Um Erfahrungen zu sammeln und einen Blick für Neuvergoldungen zu bekommen, schaut man sich in Bilderrahmengeschäften um, versucht, einem Vergolder über die Schulter zu schauen oder geht durch Museen, um alte vergoldete Rahmen, Möbel und Figuren zu begutachten.

Wir bleiben bei der klassischen Polimentvergoldung, die in ihrem ganzen Aufbau ausführlich beschrieben wurde. Je nach Zustand der Beschädigung muß schichtweise wieder neu aufgebaut werden. Wichtig ist dabei die Auswahl der Materialien, um in gleicher Qualität und Farbe zu ergänzen. Anhand von Gold- und Polimentproben vergleicht man mit dem Original und versucht, den passenden Farbton zu finden.

Sind nur einzelne Goldblättchen durchgerieben und ist der Haftgrund – also das Poliment – aber noch in Ordnung, so kann man zunächst versuchen, neues Blattgold direkt auf das zuvor mit Spiritus genäßte Poliment anzuschießen. Meist aber fehlt es nicht nur an Goldauflage, vielmehr ist auch das Poliment beschädigt. Die betreffenden Stellen werden mit Spiritus oder etwas warmem Wasser sehr vorsichtig gereinigt. Dann wird der genaue Polimentton nachgemischt und nur an den Fehlstellen aufgetragen. Nach der Trocknung kann normal vergoldet und farblich angepaßt werden.

Sind ganze Stellen der Grundierung lose, sollten diese vorsichtig mit einer dünnen Leimlösung gefestigt werden, ohne dabei die Vergoldung zu beschädigen. Fehlen Stellen in der Grundierung, werden sie in der beschriebenen Weise aufgebaut, nachgeschliffen und geglättet und dann mit dem entsprechenden Polimentton angelegt, ehe man an eine Neuvergoldung gehen kann.

Bei jeder Restaurierung ist zu bedenken, daß so viel wie nur irgend möglich von der Originalsubstanz und der alten Vergoldung zu erhalten ist.

Rezepte

Leimtränke. 100 g Hasenleim (Graupen oder Platten) werden in 3/4 Liter Wasser eingeweicht, am besten über Nacht, und dann im Wasserbad zum Schmelzen gebracht. (Unbedingt beachten: Leim darf niemals gekocht werden, da er sonst seine Bindekraft verliert.)

Steingrund. Kreide wird in Wasser eingeweicht, so daß sie ganz bedeckt ist. Man läßt dies über Nacht stehen und gießt dann überschüssiges Wasser ab. Mit einem starken Leim (z. B. Hasenleim, 250 g auf 1 Liter Wasser) wird die eingeweichte Kreide „geleimt", d. h. vermischt. Beim Verrühren muß der Steingrund vom Rührlöffel ablaufen.

Kreidegrund. Man bereitet zuerst eine Leimlösung, indem man 250 g Hasenleim in 1 1/2 Liter Wasser über Nacht aufquellen und danach im Wasserbad flüssig werden läßt. In die handwarme Lösung wird nun gesiebte Bologneser und Champagner-Kreide (evtl. mit 1 Teil China-Clay) eingestreut. Es wird dabei nicht umgerührt und so lange Kreide nachgeschüttet, bis die Leimlösung gesättigt ist. Erst dann kann die Mischung langsam mit dem Holzlöffel umgerührt werden. Dabei dürfen auf keinen Fall Luftblasen entstehen.

Statt Bologneser Kreide kann man auch 3 Teile China-Clay und 2 Teile Champagner-Kreide mischen. Die Kreide-Leim-Mischung sollte gut vom Pinsel ablaufen. Jeder Kreidegrund muß vor dem Gebrauch durch ein Kreidegrundsieb gegeben werden.

Leimlösche. 35 g Hasenleim werden in 1 Liter Wasser eingeweicht und anschließend im Wasserbad aufgelöst. Die Leimlösche wird warm aufgetragen. Man kann ihr etwas gelbes Poliment zugeben.

Poliment. Leimpoliment: 35 g Hasenleim werden in 1/2 Liter Wasser über Nacht aufgeweicht und im Wasserbad gelöst. Diese Leimlösung wird dann dem Poliment zugesetzt. Ihre Konsistenz muß flüssig sein; sie muß in einem gleichmäßigen Faden und ohne zu tropfen vom Pinsel ablaufen. Eipoliment: Statt mit Leim vermischte man das Poliment früher mit Eiweiß. Man rechnet auf 200 g Poliment etwa 8 bis 10 geschlagene Eiweiß.

Netze. 2 Teile destilliertes Wasser (destilliert sollte es sein, um Kalkflecken zu vermeiden) werden mit 1 Teil Alkohol (96%ig) vermischt. Man kann dieser Mischung noch etwas dünne Leimlösung zugeben.

Stilepochen

Für den Restaurator ist neben dem handwerklichen Können immer wieder das stilistische Einfühlungsvermögen gefragt: Wieviel darf er beim Aufarbeiten ergänzen und verändern, wie genau muß er sich an den Stil halten?

Das Wissen darum und das Beurteilungsvermögen können nur aus der genauen Kenntis der verschiedenen Stilepochen und ihrer Entwicklung im Laufe der Jahrhunderte kommen. Darum geht es im folgenden letzten Kapitel um die typischen Merkmale, die wichtigsten Oberflächenbehandlungen und Verzierungen sowie die beliebtesten Holzsorten der jeweiligen, für den Sammler wichtigen Stilepochen. Da Möbel aus der Zeit vor dem 17. Jahrhundert dem Sammler und Restaurator kaum noch zur Verfügung stehen, wird hier erst ab dem Barock auf die Entwicklung des Möbels eingegangen.

Barock (1600 bis 1700)

Kleiderschrank, Würzburg (?), um 1700 (Museum für Kunsthandwerk, Frankfurt). Korpus Weichholz, mit Nußbaum furniert und geschnitzt.

War die Renaissance hauptsächlich von strengen, architektonischen Entwürfen und Vorstellungen geprägt, so schwelgt das Barock in Phantasie und freier Entfaltung am Schmückenden. Nun steht nicht mehr nur die Form des Möbels im Vordergrund, sondern auch die Verzierung und Wirkung desselben. Barock: „Die Freude am Vollen, Wuchtigen, Üppigen."

Man kann das Barock vom bisher gültigen Renaissance-Stil etwa folgendermaßen abgrenzen: „Das Möbel des 17. Jahrhunderts hat die seinem Wesen fremde Forderung, wie Architektur zu erscheinen, abgelegt und in seinem Habitus und seiner Zier einen seinem Werkstoff – nämlich Holz – und seiner Verwendung als Zimmermöbel gemäßen eigenen Stil gefunden."

Die wichtigsten Impulse für Möbel und Formen kommen immer weniger von Entwerfern, sondern aus den Reihen der Schreiner, Tischler oder Holzbildhauer, die ihr Handwerk durch neue Erkenntnisse der Holzbearbeitung sowie technische Fortschritte in der Verarbeitung zu immer kunstvolleren Verzierungen und Effekten bringen. Erst im Barock haben Schreiner die aus der Renaissance übernommene Profilierung handwerklich zu höchster Vollkommenheit fortentwickelt, sich dabei immer überschwenglicher dem Möbel zugewendet und bewußt vom Architektonischen entfernt. Jetzt wird das Holz als Werkstoff betont und besonders die Oberfläche mit Einlegearbeiten, Verzierungen, Profilierungen voll zur Geltung gebracht.

Holzoberflächengestaltung. Intarsien aus unterschiedlichen Materialien, wie z. B.: Pietra Dura (Steineinlagen), Scaliogla (Stuckmarmor), Edelmetallen, Muscheln, Schildpatt oder Elfenbein.

Blumenornamente mit Lackfarben auf Silber oder vergoldete Folie gemalt, Reliefintarsien in Landschafts- oder Raumarchitektur, figürliche Szenen.

Stilmerkmale. Als Stilelement schon aus der Renaissance bekannt, wird das Knorpelornament als Pflanzen- oder Fratzenmotiv immer schwülstiger herausgearbeitet. Der Knorpel (auch als Ohrmuschel-Ornament bezeichnet) wird zur wichtigsten geschnitzten Form im Barock und geht als „Rocaille" (Muschel) in das Rokoko über. Durch eine neue Hobeltechnik wird der bis dahin übliche Profilaufbau mit der sogenannten Flammleiste (auch Welleiste) erweitert, aufgelöst und in barocke Bewegung gebracht.

Kunstvolle Drechselarbeiten, phantasievolles Schnitzwerk, Akanthus, Baluster, Voluten, Pilaster sind noch aus der Renaissance bekannt und weiterhin beliebt.

Beine: Kannelliert (Kannellüren auch geflammt), säulen-, baluster-, volutenförmig, gedrechselt, am oberen Ansatz oft spiralig gedreht, mit Masken und Figuren verziert.

Oberflächenbehandlung. Wachsen, Ölen, Bemalung, farbliche Fassung, Vergolden, Lackieren nach asiatischem Vorbild.

Hölzer. Nußbaum, Eiche, Esche, Birne (schwarz gefärbt), Ebenholz, verschiedene Edelhölzer für die Intarsienarbeit.

Möbelformen. Truhe: Sie ist immer noch das wichtigste Behältnismöbel.

Schränke: Aus der Weiterentwicklung der Truhe entstehen verschiedene Schrankformen. Im Anfang zweigeschossig wie aufeinandergesetzte Truhen, dann eingeschossig, auf niedrigem Sockel und mit zweiflügeligem Schrankteil auf gedrechselten Kugelfüßen. Fassadenschrank: Reich verziert mit vorgestellten Säulen, oft spiralförmig mit Pilastern, Voluten, Schnitzwerk, Intarsien; ausgeprägte, verzierte Gesimse und Giebelformen. Verschiedene Typen: Augsburger, Nürnberger, Ulmer Schrank. Stollenschrank: In der zweiten Hälfte des Barock verändert der reich gegliederte und verzierte Schrank seine Fassade und zeigt kräftige, erhabene Füllungen (Bosse). Besonders im norddeutschen Raum als Hamburger, Danziger, Lübecker Schrank (Schapp) bekannt. Frankfurter Schrank: Aneinanderreihung von Wulst und Kehle, meist ausdrucksvoll mit Nußbaum furniert.

Tische: Viereckige Kastentische auf Wangen (Rhöntisch), Klapp- oder Ausziehtische, Tischplatten aus massivem Holz, mehr oder weniger reich intarsiert, aus Marmor mit Scaliogla oder Pietra Dura. Konsoltische, Leuchtertische (Gueridon), Etagèren.

Sitzmöbel: Scherenstuhl (aus dem klappbaren Faltstuhl entstanden) mit oder ohne Armlehne, hochlehniger, gerader Stuhl mit geschnitzten Querbrettern, gepolsterte oder geflochtene Sitzfläche, Armlehnsessel mit Leder oder Stoff gepolstert, Brettschemel, reich gedrechselt oder geschnitzt.

Hinweise für den Sammler. Höfische Möbel des Früh- und Hochbarock sind selten und für viele Sammler kaum bezahlbar. Bürgerliche Möbelformen, wie Schrank oder Kommode, werden auf Auktionen und in guten Antiquitätengeschäften noch angeboten. Die oft als barock deklarierten Angebote stammen aus dem sogenannten 2. Barock im 19. Jahrhundert (Historismus) und müssen deutlich preiswerter sein.

Spätbarock (1700 bis 1730)

Das auslaufende Barock bleibt in Deutschland auch in der letzten Phase seinen typischen Formen und Stilelementen weitgehend treu, wird aber mehr und mehr vom französischen Louis-XIV.-Stil beeinflußt. Nach barockem Überschwang treten die ruhigeren, klassischen Elemente wieder in den Vordergrund. Es kommt somit im angefangenen 18. Jahrhundert zu mehreren Einflüssen, die das Spätbarock in Deutschland ausmachen: die immer noch gültigen Formen des Hochbarock, die dekorative Richtung des „Bandlwerks" (Bandwerkstil: 1715 bis 1730) – ein Einfluß des französischen Regencestils – sowie eine klassische Linie im Spätbarock.

Diese Fülle von Bewegungen inspiriert zunehmend das Schreiner- und Kunsthandwerk, macht es aber oft nicht einfach, den Stil des Spätbarock, auch Vorrokoko genannt, präzise einzuordnen.

Holzoberflächengestaltung. Intarsien werden zur beliebtesten Verzierung der furnierten Oberfläche. Holzfremde Materialien (Scaliogla und Pietra Dura) und farbige Einlagen beleben besonders das Bandwerk. „Claire-obscure"-Technik, Elfenbeineinlagen nach Kupferstichart schwarz gestochen. Einlegearbeiten in der sogenannten Boulle-Technik: Metalle wie Messing, Silber, Zinn mit Elfenbein und Perlmutt in Schildpatt eingelegt.

Stiche in fernöstlicher Darstellung werden als Furnierersatz auf Holz geleimt, koloriert und gefirnißt.

Stilmerkmale. Akanthus, Voluten, Früchte und üppige Gehänge, weibliche Hermen, Chimären. Intarsien in Holz und holzfremden Materialien, im besonderen die Boulle-Technik. Figürliche Schnitzereien.

Beine: Balusterförmig, gerade, vier- und achtkantig, konisch zulaufend, Löwen-, Klauen-, Kugelfüße, gedrehte Säulen.

Oberflächenbehandlung. Wachsen, Ölen, Polieren (Firnissen), Vergolden, Lackieren nach ostasiatischem Vorbild. Bunt gefaßtes oder bemaltes Holz, abschließend gefirnißt, imitiert im abgekürzten Verfahren die aufwendige Japanlackierung.

Hölzer. Nußbaum, Eiche, Ebenholz oder schwarzgefärbte Hölzer, zunehmend exotische Hölzer.

Möbelformen. Schränke: Der Schrank in Hanseatischer oder Frankfurter Form bleibt ein wichtiges Möbel des Spätbarock. Kommoden: Neben dem Schrank erlangt die Kommode große Bedeutung; meist dreischübig, mit gerader Vorderfront.

Schreibschrank: Aus dem Kabinettschrank entwickelt sich der Schreibschrank (Sekretär). Der Unterbau entspricht der Kommode, der Aufsatz enthält viele kleine Schubladen und Fächer.
Sitzmöbel: Lange Bänke, Armsessel, Stühle, Kanapees.
Tische: Konsoltische.
Hinweise für den Sammler. Höfische oder „Prunkmöbel" sind selten und teuren Auktionen vorbehalten. Viele Kopien im Stil dieser Epoche sind in Frankreich auch heute noch außerordentlich beliebt.

Rokoko (1730 bis 1770)

Von Frankreich ausgehend, löst sich das wuchtige, schwülstige Barock auf und geht in leichte, geschweifte Bewegungen über. Das Phantasieornament „Rocaille", ein felsenartiges Muschelgebilde, bestimmt den Rokokostil. Es wird nicht nur das wichtigste Ornament, sondern fließt gleichzeitig in die Konstruktion und Form des Möbels mit ein. Kommoden, Konsoltische, Schreibschränke verändern ihre Fassaden. Die bisher gerade, symmetrisch gestaltete Front wird gebogen, konvex oder konkav, die Beine sind geschweift und gehen in einer Kurve in die ebenfalls gebogene Zarge über. Der Dekor wird immer üppiger und phantasievoller, vereinnahmt sogar das ganze Möbel und läßt funktionelle, symmetrische und architektonische Ästhetik außer acht. Raum und Möbel werden immer deutlicher zu einer Einheit. Aufeinander abgestimmte Wand- und Deckenmalerei beziehen das Möbel mit ein und lassen alles zu einer farbigen und beschwingten Dekoration werden.

Die leichte Form des Rokoko wird stark geprägt durch neue Erkenntnisse in den Natur- und Geisteswissenschaften, durch den Fortschritt auf dem Gebiet der Technik; die daraus resultierende veränderte Lebenseinstellung bringt Farbe und Bewegung in diese Stilepoche.

Holzoberflächengestaltung. Holzmarketerie in Blumenarrangements, geometrische Muster, Gitterwerk, Würfel, Schachbrett (Boulle-Intarsien nur noch selten). Farbige Fassungen in Blau, Grau, Zartgelb, Graugrün, Elfenbein- und Zinneinlagen, Messingleisten. Vorlageblätter verlieren an Bedeutung, die freie Gestaltung tritt in den Vordergrund. Geschweifte und gerundete Oberflächen werden kleinteilig furniert oder intarsiert, um die Spannung zu nehmen.

Stilmerkmale. Rocaille-Ornament in vielfältiger, phantasievoller Ausführung. Vegetabile Motive, wie Blumen, Girlanden, Blattranken, Palmetten. Medaillons mit Lyra, Vasen, Fächern auf vergoldeten Füllungen. Üppige Bronzebeschläge, die manchmal über das ganze Möbel verteilt sind.
Beine: Geschweift, oft als Geißfuß endend, mit vergoldeten Bronzebeschlägen verziert, keine scharfen Kanten.

Oberflächenbehandlung. Bemalungen und farbige Fassungen, Bemalungen in fernöstlicher Manier, Marmorimitationen, Vergoldungen, Politur.

Hölzer. Einheimische Laubhölzer; exotische Edelhölzer spielen bei der Intarsienarbeit eine wichtige Rolle.

Kommode, Louis XV., Neuwied, um 1770, von David Roentgen (Schloß Friedenstein, Schloßmuseum). Nußbaum auf Eiche und Kiefer, mit Intarsien aus Ahorn, verschieden gefärbt.

Möbelformen. Die Bequemlichkeit des Möbels wird deutlich betont. Das Bett mit Baldachin rückt im fürstlichen Schlafzimmer ganz in den Vordergrund und wird zum Repräsentationsmöbel zwischen „Lever" und „Coucher".

Schreibmöbel: Tabernakelschrank, pultartige Schreibtische, Zylinder-Schreibtisch, Sekretär mit Schrägklappe.

Tische: Toilettentisch (Poudreuse), Spieltisch, Arbeitstischchen mit Schubladen, Kästchen und Geheimfach, Konsoltische, Nachttische, Gueridon.

Kommoden (Chiffonières).

Sessel: Bequeme Sessel „Duchesse", „Bergère". Ohrenbackensessel, der verlängerte Stuhl, Tagessofa oder Chaiselongue.

Schränke: Eck- und Wandschränke; der große Dielen- und Kleiderschrank des Barock bleibt besonders im norddeutschen Raum noch erhalten, zeigt aber zunehmend Rundungen im Sockel und Giebel.

Hinweise für den Sammler. Der Kunsthandel bietet eine bedeutende Anzahl von Rokokomöbeln an, wobei vor allem die Kleinmöbel sehr beliebt und daher teuer sind. Farbig gefaßte Möbel sind oft zu bunt (und daher nicht echt) oder schlecht restauriert.

Stilbezeichnungen außerhalb Deutschlands. Louis XV. (Frankreich), Chippendale (England).

Klassizismus (1770 bis 1840)

Innerhalb des Klassizismus unterscheidet man zwischen Zopfstil (1770 bis 1799), Empire (1799 bis 1815) und Biedermeier
(1815 bis 1846). Deutungen über die Stilbezeichnung „Zopf"
bleiben in der Fachwelt etwas unklar. Es wird die Antwort auf
den immer vordergründiger überladenen Rokoko-Stil sein: Als
überholt und altmodisch, als „zopfig", wird die vorausgegange-
ne Epoche kritisiert und abgelegt und vom „klassischen
Zopfe" abgelöst.

Wieder einmal besinnt man sich auf antike Ornamente und
Formen; wenn alles „à la greque" erscheint, hat der Geschmack
schon bedeutend gewonnen. Wie bereits unter Louis XV.,
kommen die entscheidenden Anstöße aus Frankreich, wo
unter Louis XVI. alles im „goût greque" sein muß. Zunehmend
gewinnen jetzt auch englische Entwerfer Einfluß und Bedeutung auf den Möbelstil (Chippendale, Hepplewhite). Als
berühmtester Entwerfer und Schreiner in der Zopf-Epoche gilt
David Roentgen aus Neuwied.

Holzoberflächengestaltung. Das wichtigste Zierelement am
Möbel wird wieder das Holz selbst. Holzfremde Materialien,
üppiges Beschlagwerk, farbliche Fassungen und Vergoldungen
sind passé. Kunstvolle Intarsienarbeit mit ausgesuchten Ma-
ser-Furnieren, hochglanzpolierte Flächen. Gliederungen
durch Rahmen und Füllungen.

Stilmerkmale. Das wichtigste Motiv des Rokoko, die
„Rocaille", taucht immer noch auf. Intarsien mit Blumen,
Vögeln, Bändern, Girlanden (geschnitzt und überhängend),
ostasiatische Motive. Alles wirkt klassischer und weniger überladen als zuvor. Beschläge sparsam und symmetrisch in der
Aufteilung. Ornamente wie Pilaster, Konsolen, Vasen, Bukia-
nien, Schlußsteine, Pfeifenbänder, Perlstäbe, Triglyphen.

Beine: Anfänglich noch mit leichtem Schwung, dann gerade,
schlank und hoch, konisch kanneliert oder sparsames Profil,
Würfel als Abschluß.

Oberflächenbehandlung. Farbliche Fassungen werden selten; in der Hauptsache poliertes Holz.

Hölzer. Typisch und sehr beliebt ist Mahagoni.

Möbelformen. Schränke: Die große Form des Dielenschranks
wird schlichter, Giebel gerade, zuweilen auch durchbrochen.
Meist zweitürig, Schubladen im Sockel, hohe Stollenfüße.

Schreibmöbel: Schreibschrank mit glattem Aufsatz, Giebel-
aufsatz, gerade oder schräge Klappe, Zylinderbüro, Rollbüro.

Stuhl, Süditalien, Ende 18. Jahrhundert (Museum für Kunsthandwerk, Frankfurt). Nußbaum, geschnitzt und vergoldet. Hintermalte Glaseinlagen.

Tischchen: Schon bekannt aus dem Rokoko, jetzt noch vielfältiger und funktioneller in der Form.

Kommoden: Zwei- und dreischübig, manchmal mit Marmorplatten.

Wand- und Konsoltische.

Sitzbänke: Gepolsterte und geflochtene Sitzflächen. Gerade, meist durchbrochene Rückenlehnen.

Stühle und Sessel: Sitzfläche gepolstert oder aus Holz, gerade Rückenlehnen, Armlehnen gepolstert, medaillonförmige Rückenlehnen.

Stilbezeichnungen außerhalb Deutschlands. Louis XVI., Directoire (Frankreich), Sheraton, Chippendale (England).

Empire (1799 bis 1815)

Das Ende des Imperiums Ludwigs XVI. durch die Französische Revolution und die Übernahme Napoleons als 1. Konsul bringt – wie so oft bei einer bedeutenden politischen Wende – auch einen neuen Stil mit sich. Mit der Kaiserkrönung Napoleons (1804) nach antikem Vorbild wird der Empire-Stil deutlich: streng, nicht zu überladen und mit dem Anspruch des „Wahren und Schönen".

Durch Vorlagen, Publikationen und Richtlinien breitet der Stil sich rasch und einheitlich aus und findet auch in Deutschland fast ohne Veränderung Anklang.

Das Empiremöbel wirkt zunehmend konstruiert, geometrische Formen werden ohne verbindlichen Übergang zusammengesetzt. Mit heraldischem Ornament bestückt, versinnbildlicht es Größe und Macht, nicht Zierde und Eleganz. Die großartige Schreiner- und Handwerkskunst aus dem Barock wird zugunsten einer monumental wirkenden Formgestaltung verdrängt. Das Möbel wird zum Denkmal.

Holzoberflächengestaltung. Mehr oder weniger auffällig gemaserte Furniere (besonders Mahagoni). Das Holz erscheint in Struktur und Darstellung oft wie Marmor. Tisch- oder Kommodenplatten aus Stein. Beschläge und Embleme sind sparsam und symmetrisch auf der meist hochglanzpolierten Fläche verteilt. Verzierungen in Bordürenform, Einlegearbeiten in Hell/dunkel-Technik.

Stilmerkmale. Goldbronzebeschläge in ägyptisierenden Formen, Löwentatzen, Schnecken, heraldische Formen, römische Feldzeichen, Karyatiden, Schwäne, Säulen und Eckpfeiler, Mäanderband, Palmetten.

Beine: Geschwungen bis gerade, in Würfelform oder Klötzen, Löwentatzen oder Schnecken endend. Breite Sockel ohne Füße als Abschluß.

Oberflächenbehandlung. Farbliche Fassungen sind verschwunden, es dominiert die hochglanzpolierte Oberfläche.

Hölzer. Mahagoni in ausgeprägter Maserung ist das beliebteste Holz.

Möbelformen. Schränke: Kleider- oder Wäscheschränke als Möbeltyp treten nicht besonders in Erscheinung. Schreibschrank mit gerader, klappbarer Schreibplatte auf zweitüriger oder zweischübiger Kommode, streng gestufte Aufsätze. Manchmal ist das ganze Möbel geschwungen, zylinderförmig oder wie ein großes Oval.

Stuhl, Deutschland, um 1820 (Museum für Kunsthandwerk, Frankfurt). Zarge aus Eiche, mit Kirschbaum furniert. Kirschbaum massiv, teilweise schwarz gefärbt. Einlagen in Ahorn, Mahagoni.

Tische: Runde Tische auf Mittelfuß, rechteckige, kastenförmige Konsoltische, sogenannte Prunktische auf Mittelfuß und Löwenköpfen.

Sofa: Geometrisch geformte Zargen, steif gepolstert, breiter Sockel mit Säulen, oft ohne Füße.

Betten: Ähnlich wie Sofaform, kastenförmig mit und ohne Fuß, geschwungene Seitenzargen gondelförmig.

Kommoden: Marmorplatte, rechteckig mit zwei bis drei Schüben, Ecksäulen, Pilaster.

Sessel, Stühle: Hochgepolsterter Sitz und Rückenlehne, Hinterbeine leicht nach außen geschwungen, thronartige Sessel.

Hinweise für den Sammler. Echte Empiremöbel sind rar, Kopien dagegen noch häufig im Handel zu finden.

Stilbezeichnungen außerhalb Deutschlands. Sheraton (England), Empire (Frankreich).

Biedermeier (1815 bis 1848)

Im Gegensatz zu vorausgegangenen Stilepochen wird hier – zwar noch unter klassizistischem Einfluß, jedoch bewußt in Ablehnung des vorausgegangenen Empire – erstmals ein bürgerlicher Stil entwickelt. Lange als häuslich und spießig belächelt, wird die überschaubare und gemütliche Idylle des Biedermeier erst zum Ende des 19. Jahrhunderts anerkannt und erlebt dann sogar nochmals eine Renaissance. Seine – eher abwertende – Bezeichnung hat das Biedermeier, genau wie der Zopfstil, erst später erhalten.

Nach den Freiheitskriegen und im Bewußtsein der errungenen Rechte war es nun das Volk, das seinen eigenen Stil bestimmte. Mit den Vorrechten des Adels schien es vorerst vorbei. Wichtiges Anliegen des Biedermeier waren einfache Formen in behaglicher Atmosphäre. Noch beeinflußt vom Zopfstil, sucht man das Schlichte, Unprätentiöse. Das menschliche Maß bestimmt die Größe des Möbels. Der entscheidende Einfluß kommt aus England, im besonderen durch Thomas Sheraton. Ab 1830 verliert das Bürgertum wieder erheblich an Freiheiten, sein Stil wird verdrängt von spätempirischen Einflüssen (ab 1830 wird das Biedermeier als Spätempire bezeichnet), die bereits den nachfolgenden Historismus andeuten.

Holzoberflächengestaltung. Es dominiert die glatte, gebogene oder runde Holzfläche in schöner Maserung. Holzkontraste in Hell/Dunkel, eingetiefte Flächen. Intarsien in sparsamer Ausführung, wie Sterne, Ranken, Kreise, Strahlen. Statt Intarsien wird Holz auch bedruckt.

Stilmerkmale. Voluten, Füllhorn, Palmetten, Lotosblüten, Faltenbündel, Lyra, Blumenkörbe, Festons, geometrische Intarsien in Hell/Dunkel, Löwen, Ranken, Widderköpfe, Gitterwerk aus Messing und dunklem Holz, kleine Beschläge in Messing und Holz oder Bronze, gebogenes Stabwerk.

Beine: Konisch, vierkantig, leicht nach außen gebogen, Beinabschluß würfel- oder quaderförmig.

Oberflächenbehandlung. Polieren.

Möbelformen. Schränke: Schreibschrank oder Sekretär mit gerader oder Schrägklappe auf zwei- oder dreischübiger Kommode, Vitrinen- oder Eckschrank mit glatter, gewölbter oder verglaster Vorderfront.

Kommoden: Zwei- oder dreischübig mit Messingbeschlägen oder schwarzer Schlüssellocheinfassung. Pfeilerkommode.

Sofa: Hoch gepolstert, hohe Rückenlehnen, ausladend, Sei-

Spiel- und Nähtisch, Deutsch-
land, um 1820/30 (Kunst-
gewerbemuseum Berlin).
Verschiedene Hölzer in reich-
haltiger Intarsienarbeit.

tenwangen geschwungen, Armlehnfronten mit Schnitzwerk
verziert.

Tische: Platte oval oder rund auf balusterförmigem Mittelfuß
auf Sockel, Klapptische, Nähtische, Beistelltischchen, Nachttische.

Stühle: Rückenlehne leicht gebogen, durchbrochen mit Stegen, Palmetten, Lyra. Sitz hoch gepolstert.

Hölzer. Helles, einheimisches Holz wie Kirsche, Birne, Esche,
Rüster. Später erst wieder Mahagoni.

Hinweise für den Sammler. Biedermeiermöbel werden im
Handel noch häufig angeboten, allerdings nicht immer im
Original, sondern als Kopie aus einer späteren Zeit.

Stilbezeichnungen außerhalb Deutschlands. Louis Philippe
(Frankreich), Regency, Late Georgian (England).

Historismus (1846 bis 1890)

Entdeckungen und Ausgrabungen antiker Städte wie Pompeji, später Mykene und Troja, fortschreitende Erkenntnis kunsthistorischer Wissenschaft, zunehmendes Interesse für Denkmalspflege – all das waren Anstöße für die Stilbewegungen des mittleren letzten Jahrhunderts. Pauschal werden sie unter dem Begriff Historismus zusammengefaßt.

Zum eigentlichen Durchbruch kommt der Historismus nach dem Biedermeier, obwohl seine theoretischen Anfänge (in Publikationen) bereits ein gutes halbes Jahrhundert davor zu finden sind. Piranesi, der italienische Architekt, Kunsthistoriker und Kupferstecher, oder Chippendale, der englische Entwerfer und Kunsttischler, sind gute Beispiele dafür. Das Auf und Ab von Pro und Contra antikegeprägter Richtungen kann man seit Beginn der Stilgeschichte deutlich verfolgen. Im Historismus dann endlich wird nicht mehr nur eine einzige klassische Formgebung verfolgt, sondern man experimentiert in vollem Überschwang gleich mit allen historischen Vorbildern. Zwar wird im Historismus nochmals in verschiedene Richtungen unterteilt (z. B. ist Gotisches sehr beliebt), doch à la mode ist alles, was griechisch, römisch, ägyptisch, chinesisch, persisch, türkisch usw. erscheint. Sicher ist allerdings, daß es nicht um das stilgetreue Kopieren vorausgegangener Epochen ging. Vielmehr wollte man frei und mit dem nötigen Abstand Historie nachempfinden – möglicherweise als phantasievolle Form der Vergangenheitsbewältigung.

Die erste Weltausstellung 1851 in London vermittelte einen umfassenden Eindruck und die Bedeutung dieser – auch vom technischen Fortschritt geprägten – Stilepoche, die übrigens erst viele Jahre später als „Historismus" bezeichnet wurde. Doch wird bereits zu diesem Zeitpunkt der hemmungslos überladene Stil in zunehmendem Maße kritisiert.

Holzoberflächengestaltung. Lebhafte Wurzelfurniere, Einlegearbeiten à la Boulle, schwarzer Lack mit Gold, Intarsien mit Elfenbein und vieles mehr aus vorausgegangenen Epochen, allerdings nie getreu, eher grotesk nachempfunden.

Stilmerkmale. Gotische Formen, Maßwerk, Schnitzereien, vergoldete Bronzebeschläge aus künstlichem Holz (Sägemehl mit Leim gepreßt) oder Pappmaché. Das Akanthusblatt wird jetzt zum Efeu.

Oberflächenbehandlung. Poliert, gewachst, stellenweise vergoldet, schwarz lackiert, gebeizt.

Stuhl eines Salonmobiliars mit Anklängen an japanische und maurische Kunst. Carlo Bugatti, Mailand, um 1895 (Kunstgewerbemuseum Berlin). Holz, Kupfer, Elfenbein, bemaltes Pergament, Seidenfransen.

Möbelformen. Alle Möbelformen der vorausgegangenen Stile erscheinen wieder, mit überladener Ornamentik.

Hölzer. Dunkles Holz, wie Nußbaum, Mahagoni, Eiche, Palisander, Ebenholz.

Hinweise für den Sammler. Möbel unserer Groß- und Urgroßeltern sind noch gut und preiswert zu finden, allerdings wirken sie in kleinen Räumen oft zu wuchtig und zu pompös.

Stilbezeichnungen außerhalb Deutschlands. Victorian (England), Napoleon III. (Frankreich).

Jugendstil (1894 bis 1906)

Bedeutende Maler, Entwerfer und Architekten machen sich – Ende des letzten Jahrhunderts – die künstlerische und harmonische Gestaltung der gesamten Umwelt des Menschen zur Aufgabe. Zu ihrem besonderen Anliegen wird der Protest gegen die überladene, geschmacklose Anhäufung verschiedener Stile sowie die vordergründige Präsentation des Historismus. Bereits im 19. Jahrhundert tragen sich Entwerfer wie William Morris und Henry van de Velde mit Plänen für einen sachlichen, konstruktionsbezogenen Stil nach der Auffassung „Mehr Sein als Schein". In eigenständiger Formfindung mit klarer Abstimmung von Material und Zweck soll ein neuer, „vernünftiger" Stil kreiert werden. Die fortschreitende Entwicklung industrieller Fertigungsmethoden ermöglicht die serienmäßige Herstellung. Das Möbel des Jugendstils muß einfach und „ehrlich", praktisch und preiswert sein. Und doch hat kaum ein anderer Stil so sehr gegen seine ursprünglichen Ideen und Forderungen verstoßen wie gerade der Jugendstil. Die angestrebte Ehrlichkeit blieb oft nur noch in zur Schau getragenen, übertriebenen Konstruktionsmerkmalen sichtbar. Seine Bezeichnung hat der Jugendstil in fast abfälliger Anlehnung an die Zeitschrift „Jugend" erhalten, die ab 1896 in München erschien und die sich hauptsächlich der Gebrauchsgrafik und Buchkunst widmete.

Holzoberflächengestaltung. Lebhafte, geschwungene Maserbilder, knorriges, urwüchsiges Weichholz werden zum Ornament. Materialecht und sehr betont in seiner natürlichen Struktur wird das Holz präsentiert. Flächige Fassaden mit kassettenartigen Füllungen oder Vertiefungen, Flachschnitt in spätgotischer Manier, eingelegte oder eingebrannte Pflanzen- und Blumenmuster. Über Dampf gebogenes Holz (Thonet).

Oberflächenbehandlung. Betonung der Maserung mit holzfremden Beiztönen, gekalktes Holz, hochglanzpoliert bei ausgeprägter Wurzel- oder Augenmaserung. Sandstrahlgebläse läßt die Maserung im Spätholz besonders hervortreten.

Möbelformen. Schränke: Einbauschränke, Bücherschränke mit verglaster Front, Kleiderschrank, Wäscheschrank (oft eintürig), zweigeschossiger Aufbau nach gotischer Art, Kommodenschrank, Büffet mit glatter oder geschwungener Front, Kredenzen mit verglastem Aufsatz.

Schreibtische, Büro: Oval, geschwungen, rechteckig mit Aufsatz, flach mit Schubladen links und rechts.

Toilettentischchen, Paris, Diehl, um 1878 (Museum für Kunsthandwerk, Frankfurt). Beine Ahorn (Bugholz). Fußplatte und Tischkasten mit Marketerien in Ahorn, Obsthölzern und Platane, Kupferbeschläge gegossen, bemalt und emailliert.

Stühle, Sessel: Gerundete Rückenlehne, geschwungene Armlehnen, Sitz- und Rückenlehne gepolstert oder in Leder, Rückenlehne ornamental oder in Stegen durchbrochen.

Beine, Füße: Alle Stilelemente sind wiederzufinden, wie spitz, geschweift, geschwungen, sockelförmig oder im Schwung und Ornament des gesamten Möbels.

Sofa: Hohe Rückenlehne, gepolstert auf kastenartigem Sockel oder geschwungenem Gestell, Ecksofa mit Regaleinbau.

Tische: Rauchtisch, Notentisch, Spieltisch, Serviertisch, Nachttisch, Konsoltisch, Beistelltisch. Große Eßtische zum Ausklappen und Ausziehen.

Hölzer. Eiche, Nadelholz, geflammte Birke, helle Hölzer mit Augenmaser.

Hinweise für den Sammler. Möbel aus der Zeit der Jahrhundertwende sind im Handel noch gut zu finden.

Stilbezeichnungen außerhalb Deutschlands. Art Nouveau (Frankreich), Edwardian (England).

Die wichtigsten Hart- und Weichhölzer

Harthölzer

Art	Vorkommen	Beschaffenheit	Farbe	Maserung	Verwendung	Oberflächen-behandlung
Ahorn (Zucker-ahorn)	Europa Amerika	fein, dicht, zäh	weißlich-gelb	einfarbig Jahresringe: undeutlich Spiegel: deutlich Vogelaugen-maserung Poren: fein	massiv Furnier	polieren
Akazie (Robinie)	Nordamerika	hart, zäh, dauerhaft	gelb-grünlich	einfarbig Jahresringe: erkennbar Poren: groß (ähnlich Esche)	massiv Furnier	polieren
Apfel	Europa	hart, mittelfein	rötlich	zweifarbig Jahresringe: schwach Poren: fein (ähnlich Birne)	massiv Furnier	polieren
Birke	Europa	leicht, weich, fein, arbeitet stark	hell-gelblich	einfarbig Jahresringe: undeutlich Poren: fein Spiegel: „geflammt" Wurzelmaser	massiv Furnier	polieren
Birne	Europa	dicht, fein, hart	rosa-rötlich	zweifarbig Jahresringe: erkennbar Spiegel: erkennbar (ähnlich Apfel) Poren: fein	massiv Furnier schwarz gebeizt als Ebenholz-ersatz	polieren
Buche	Europa	fein, dicht, biegsam (Bugholz/ Thonet)	weißlich-grau	einfarbig Jahresringe: erkennbar Poren: fein Spiegel: erkennbar	massiv oft nußbaum- oder mahagonifarben gebeizt	polieren

Die wichtigsten Hart- und Weichhölzer

Harthölzer

Art	Vorkommen	Beschaffenheit	Farbe	Maserung	Verwendung	Oberflächen-behandlung
Eiche	Europa	schwer, hart, langfaserig, zäh, besonders gerbsäure-haltig	gelb-bräunlich	zweifarbig Jahresringe: erkennbar Poren: groß Spiegel: erkennbar	massiv Furnier	wachsen, ölen
Elsbeere	Mitteleuropa	hart, fein, schwer	ledergelb, rotbraun	wie Birne	massiv Furnier	polieren
Erle	Europa	leicht, weich, grob, arbeitet mittelmäßig	rötlich-braun	einfarbig Jahresringe: undeutlich Poren: erkennbar Spiegel: kaum (oft braune Mark-flecken)	massiv Furnier	polieren
Esche	Europa	hart, fest, elastisch	weiß-gelb Spätholz: dunkler	zweifarbig Jahresringe: deutlich Poren: groß Spiegel: erkennbar ähnlich Akazie	massiv Furnier	polieren: bedingt
Kastanie	Europa	mittelschwer, weich, nicht sehr fest	gelblich-weiß, schwach rötlich	einfarbig Jahresringe: erkennbar Poren: fein Spiegel: schwach	massiv	polieren
Kampher	Ostindien Japan	leicht, weich	rötlich	ähnlich Mahagoni	massiv Furnier	polieren
Kirsche	Europa	fein, fest, hart, beständig	rötlich, manchmal grünlich	zweifarbig Jahresringe: erkennbar, gleichmäßig Poren: fein Spiegel: undeutlich	massiv Furnier	polieren

Die wichtigsten Hart- und Weichhölzer

Harthölzer

Art	Vorkommen	Beschaffenheit	Farbe	Maserung	Verwendung	Oberflächen-behandlung
Mahagoni	Westindische Inseln Mittel- amerika Afrika Asien	schwer, hart, dicht, sehr dauerhaft	dunkel-rötlich, manchmal leichter Goldglanz	zweifarbig Jahresringe: undeutlich Poren: groß Spiegel: undeutlich Pyramidenmaser (Wurzel- oder Astbereich)	massiv Furnier	polieren
Nußbaum	Europa Asien (Kaukasien) Amerika	hart, beständig, fest	graubraun, graugrünlich, graurötlich	zweifarbig Jahresringe: deutlich Spiegel: undeutlich Poren: groß Spiegel: kaum Wurzelmaser: ringförmig, geflammt	massiv Furnier	polieren
Palisander (Rosenholz)	Südamerika (Rio-Palis.) Ostindien	schwer, hart	rotbraun, violettbraun mit schwarzen Streifen	zweifarbig Jahresringe: undeutlich Poren: groß Spiegel: erkennbar	massiv Furnier	polieren
Pappel	Europa Asien Amerika	leicht, weich, porös, beständig	gelblich-weiß, grauweiß	zweifarbig Jahresringe: undeutlich Spiegel: undeutlich Poren: deutlich	massiv (Blindholz) Furnier: Pappelmaser	polieren: bedingt
Pflaume	Europa	fein, fest, hart	braun-rötlich (manchmal violett)	zweifarbig Jahresringe: undeutlich Poren: fein Spiegel: deutlich ähnlich Kirsche	massiv Furnier	polieren
Platane	Nordamerika	hart, fest	rötlich-hellbraun	zweifarbig Jahresringe: undeutlich Spiegel: erkennbar Poren: fein ähnlich Ahorn	massiv Furnier	polieren

Die wichtigsten Hart- und Weichhölzer

Harthölzer

Art	Vorkommen	Beschaffenheit	Farbe	Maserung	Verwendung	Oberflächen-behandlung
Pockholz (Franzosen-holz)	Westindien	schwer, sehr hart, harzreich	braun, unter Lichteinfall grünlich	zweifarbig Jahresringe: undeutlich Poren: erkennbar Spiegel: undeutlich	massiv	polieren: bedingt
Rosenholz s. Palisander						
Rüster (Ulme)	Europa Asien	hart, grob, zäh, dauerhaft	hellbraun-rötlichbraun (manchmal grünlich)	zweifarbig Jahresringe: deutlich Poren: sichtbar Spiegel: deutlich Wellen-/Zickzack-maser	massiv Furnier	polieren
Satinholz	Ost-/ Westindien	schwer, sehr hart	gelblich, seidenartig glänzend	zweifarbig Jahresringe: undeutlich Poren: fein Spiegel: klein	massiv Furnier	polieren
Teak (Indische Eiche)	Indien	hart, beständig, ölig	gelblich-braun, dunkelbraun	zweifarbig Jahresringe: deutlich Poren: sichtbar Spiegel: undeutlich	massiv Furnier	polieren: bedingt
Tulpenbaum (Whitewood, Gelbe Pappel)	Nordamerika	leicht, weich, biegsam	gelb-grün-braun	zweifarbig Jahresringe: undeutlich Poren: sichtbar Spiegel: undeutlich	massiv (Blindholz) Furnier	polieren: bedingt
Weide	Europa	weich, mittelschwer, beständig	rosa-rötlich	zweifarbig Jahresringe: deutlich Poren: sichtbar Spiegel: undeutlich ähnlich Pappel	massiv (Blindholz)	polieren: bedingt

Die wichtigsten Hart- und Weichhölzer

Harthölzer

Art	Vorkommen	Beschaffenheit	Farbe	Maserung	Verwendung	Oberflächen-behandlung
Zebrano	Indien	schwer, mittelhart	gelblich mit dunklen Streifen	zweifarbig Jahresringe: undeutlich Poren: groß Spiegel: undeutlich	Furnier	polieren
Zitronenholz	Mittelmeer-länder Südasien	mittelschwer, mittelhart	weißlich-gelb, manchmal gold-schimmernd	zweifarbig Jahresringe: undeutlich Poren: fein Spiegel: klein	Furnier	polieren

Weichhölzer

Eibe (auch Ebenholz)	Europa Kaukasus Himalaja	schwer, hart, fein, dauerhaft	gelblich (Splint) rotbraun-bläulich-schwarz	zweifarbig Jahresringe: deutlich Poren: keine Spiegel: undeutlich	massiv Furnier Intarsien	Politur
Fichte (Rottanne)	Mittel-/ Nordeuropa	leicht, weich, grob	gelblich-rötlich	einfarbig Jahresringe: deutlich Poren: keine Spiegel: undeutlich	massiv	wachsen, ölen, lackieren
Kiefer (Föhre)	Mittel-/ Nordeuropa	leicht, weich, grob, dauerhaft	gelbrot	zweifarbig Jahresringe: deutlich Poren: keine Spiegel: undeutlich	massiv	wachsen, ölen, lackieren

Die wichtigsten Hart- und Weichhölzer

Weichhölzer

Art	Vorkommen	Beschaffenheit	Farbe	Maserung	Verwendung	Oberflächen-behandlung
Lärche	Mitteleuropa	leicht, weich, grob, dauerhaft	gelblich-rot	zweifarbig Jahresringe: deutlich Poren: keine Spiegel: undeutlich	massiv	wachsen, ölen, lackieren
Pitchpine	Amerika	hart, dauerhaft, harzreich	gelb-rötlich	zweifarbig Jahresringe: deutlich Poren: keine Spiegel: undeutlich	massiv	wachsen, ölen, lackieren
Tanne	Mittel-/ Nordeuropa Sibirien	leicht, weich, grob, elastisch	gelblich, Spätholz: dunkel	einfarbig Jahresringe: deutlich Poren: keine Spiegel: undeutlich	massiv	wachsen, ölen, lackieren
Thuja (Lebens-baum)	Nordamerika	leicht, weich, dauerhaft	gelblich-braun	zweifarbig Jahresringe: deutlich Poren: keine Spiegel: undeutlich	massiv Furnier	wachsen, ölen, lackieren
Wacholder	Europa Nord-amerika Nordafrika	weich, dauerhaft	weißlich-rötlich-braun	zweifarbig Jahresringe: undeutlich Poren: keine Spiegel: undeutlich Die kleinen Äste erscheinen als dunkle Tupfen in der Maserung	Furnier	polieren
Zeder	Westindien Mexiko	leicht, weich, spröde, dauerhaft	weißlich-rötlich-braun	zweifarbig Jahresringe: undeutlich Poren: keine Spiegel: undeutlich	Furnier	lackieren
Zirbelkiefer (Arve)	Europa (Hoch-gebirge)	fein, hart, dauerhaft	rotbraun	einfarbig Jahresringe: deutlich Poren: keine Spiegel: keinen	massiv	wachsen, ölen, lackieren

Farbige Harthölzer

die besonders in der Intarsienarbeit Verwendung finden.
Wohlklingende Namen wie Rosenholz, Zitronenholz, Veilchenholz, Korallenholz, Blauholz
bezeichnen meist exotische Holzarten, deren Duft oder Farbe ihrer Benennung nahekommen.

Art	Vorkommen	Beschaffenheit	Farbe
Akazie	Nordamerika	hart	grünlich
Amarant	Südamerika	schwer, dicht, hart	purpurrot, helle Poren
Amboina	Indien, Ostasien	leicht, weich	dunkelgelb
Blauholz (Veilchenh.)	Mittel-/Südamerika	hart, fein	blutrot, violett
Buchs	Südeuropa, Nordafrika, Kleinasien	sehr hart, fein, gleichmäßig, dauerhaft	gelblich
Ebenholz	Südasien, Afrika	schwer, hart, fein	schwarz
Goldregen	Südeuropa	schwer, hart, elastisch	weißlich, wird meist schwarz gefärbt als Ebenholzersatz
Korallenholz	Südamerika	mittelschwer, mittelhart, fein, großporig	tiefrot mit hellen und dunklen Streifen
Olivenbaum	Südeuropa	hart, fein, gleichmäßig	gelblich
Sandelholz	Indien	schwer, hart, dicht	rötlichgelb
Sauerdorn (Berberitze)	Europa, Mittelasien, Nordamerika	hart, dicht, fein	bläulich-rot
Stechpalme	Mittel-/Südeuropa	fein, hart, stark schwindend	weiß-gelbgrün
Violettholz (Königsholz)	Südamerika	schwer, hart	rot mit violetten Streifen
Vogelbeerbaum (Eberesche)	Europa	hart, fein	rotbraun

Fachwörter-Verzeichnis

1. Kapitel: Holz

Bast – poröse Schicht unter der Rinde.
Blindholz – Unterholz für Furnier.
Borsalz – Wasch- und Desinfektionsmittel.
Furnier – dünn aufgesägtes oder -geschnittenes Edelholz.
Gerbsäure – Tannin, in verschiedenen Hölzern enthalten, besonders in Eiche.
Hausbock – Bezeichnung für die im Holz lebenden Larven verschiedener Kerbtiere.
Hirnschnitt – Querschnitt.
Holzfarbe – natürlicher Farbton des unbehandelten Holzes.
Holzfäule – schwammartige Zersetzung des Holzes (besonders bei Nässe).
Holzwurm – Bezeichnung für die im Holz lebenden Larven verschiedener Kerbtiere.
Jahresringe – Wachstumsablauf des Baumes innerhalb eines Jahres.
Kambium – poröse Schicht unter Rinde und Bast.
Kern – innenliegendes Holz eines Stammes (auch Herz genannt).
Harz – Ausscheidung verschiedener Bäume; gelöst in Öl oder Alkohol als Lack.
Längsschnitt – Schnitt mit der Faser.
Lignin – wichtiger Bestandteil des Holzes für Faserdichte und Färbung.
Markstrahlen – nährstoffaufnehmende Zellen im Holz; als glatte, glänzende, helle Einstreuung im Maserbild erkennbar (besonders bei Eiche).
Maserung – typische Struktur des aufgeschnittenen Holzes.
Massiv – in Brettstärke aufgeschnittenes Holz.
Poren – strukturbedingte kleine Öffnungen der Holzoberfläche.
quellen – ausdehnen.
Querschnitt – Hirnschnitt.
Rinde – äußere Schicht des Baumes.
ringporig – großporig.
schwinden – zusammenziehen.
Splint – außenliegende Jahresringe des Baumes.
Tannin – Gerbsäure (besonders in Eichenholz enthalten).

Verkernung – Alterungsprozeß des Holzes beim Wachstum.
werfen – verziehen.

2. Kapitel: Verleimen

Blindholz – Unterholz für aufgeleimtes Furnier.
Furnier – dünn aufgesägtes oder -geschnittenes Edelholz.
Gerbstoff – Gerbsäure (auch Tannin), in verschiedenen Hölzern enthalten (besonders Eiche).
Glutin – Hauptbestandteil des Leims.
Kasein – wichtigster Bestandteil (Eiweißstoff) der Milch (auch Quark).
Kleber – Bindemittel aus Kunststoff.
Kleister – Reis- oder Weizenstärke, in Wasser gelöst.
Lackmuspapier – chemischer Indikator zur Erkennung von Laugen und Säuren.
Leim – aus tierischen Abfällen: Warmleim, aus Kasein und Kalk: Kaltleim, aus Kunstharz: Kunstharzleim.
Leimprüfer – Thermometer für Warmleim.
Oxalsäure – organische Säure vieler Pflanzen (Kleesalz); giftig!
Schlämmkreide – gereinigter Kalk.
Zahnhobel – Werkzeug zum Aufrauhen von Blindholz zur besseren Verleimung von Furnier.

3. Kapitel: Furnier

Alaun – Aluminium-Sulfat.
Augenmaserung – runde, augenartige Zeichnung (besonders bei Ahorn).
ausspanen – Risse mit Holzstreifen ausfüllen.
Blindholz – Unterholz für aufgeleimtes Furnier.
Boulle – französischer Ebenist (1642–1732).
Claire-obscure-Technik – Furniereinlegearbeit in Hell/Dunkel.
Contrepartie – s. Claire-obscure-Technik.

Erdfarben – natürliche, anorganische Farbstoffe (Mineralfarben).

Finne – breite Aufstreichkante des Furnierhammers.

Fladerschnitt – Längsschnitt des Stammes (auch Sehnen- oder Tangentialschnitt).

Furnier – dünn aufgesägtes oder -geschnittenes Edelholz.

Gallitzenstein – s. Gallus.

Gallus – gerbende, organische Säure (Galläpfel, Teeblätter).

gefladert – übereinanderliegende, bogenförmige Jahresringe (s. Fladerschnitt).

gekröpft – gebogen.

gravieren – Einschneiden von Verzierungen in Oberflächen.

Intarsie – Einlegearbeit aus verschiedenen Furnierteilen.

Knollenmaserung – wirbeliges, krauses Furnierbild.

Kürschner – Blasen im Furnier.

Marketerie – bildförmig zusammengesetzte Furnierteile und holzfremde Materialien auf Blindholz.

Markstrahlen – nährstoffaufnehmende Zellen im Holz, als glatte, glänzende, helle Einstreuung im Maserbild erkennbar (besonders bei Eiche).

Maserwuchs – ausgeprägte, vom normalen Wuchs abweichende Maserung.

Mineralfarben – natürliche, anorganische Farbstoffe (Erdfarben).

Negativintarsie – in einem Arbeitsgang ausgesägtes helles und dunkles Furnier, wechselseitig in die jeweils freien Felder wieder eingelegt (s. Contrepartie).

Paraffin – wachsähnliches, farbloses Gemisch unlöslicher, gesättigter Kohlenwasserstoffe.

Plastilin – kittartige Knetmasse zum Modellieren.

Politur – hier: Naturharz (im besonderen Schellack), in Spiritus gelöst.

Pottasche – Kaliumkarbonat (Bleich- und Abbeizmittel).

Radialschnitt – Mittelschnitt des Stammes (auch Spiegelschnitt).

Renaissance – Stilepoche (1480 bis 1580).

Schälfurnier – entsteht, indem ein rotierender Stamm maschinell fortlaufend geschält wird.

schattieren – Abtönen des Furniers.

Schellack – Naturharz.

schränken – Schärfen der Säge.

schrumpfen – Holz zieht sich zusammen.

Sehnenschnitt – Längsschnitt des Stammes (auch Tangentialschnitt oder Fladerschnitt).

Spiegelschnitt – Radialschnitt des Stammes (auch Mittelschnitt).

Tangentialschnitt – Längsschnitt des Stammes (auch Sehnen- oder Fladerschnitt).

Wurzelmaserung – welliges, dunkel geflecktes Furnierbild (bes. bei Nußbaum).

Zahnhobel – Werkzeug zum Aufrauhen von Blindholz zur besseren Verleimung von Furnier.

4. Kapitel:
Holzoberflächenbehandlung

Abziehpolitur – Politur zum Auspolieren, Härten und Klären der Oberfläche.

Ammoniak – Fett und Schmutz lösend (verdünnt: Salmiakgeist).

anfeuern – Maserung beleben.

Ätznatron – Abbeizmittel (Kaustisches Soda).

auspolieren – Abschlußpolieren zum Entfernen der Ölspuren.

Beize – Farbpulver, in Wasser oder Spiritus gelöst.

Bernstein – Naturharz.

Bimsmehl – feinst geriebener Bimsstein (poröser weißer Stein vulkanischen Ursprungs).

Bittersalz – Verwitterungprodukt, Ausblühung an Mineralien.

Borax – Natriumsalz.

Carnauba – Palmenwachs.

Champagner-Kreide – gelblichweiße Kreide, Kalziumkarbonat.

Deckpolieren – Polieren in Verbindung mit Polieröl („kreisende Bewegungen“).

Drachenblut – Naturharz.

einlassen – grundieren.

fassen – geschnitztes oder gedrechseltes Holz mit Kreide beschichten und farbig streichen.

Firnis – Naturharz, in Alkohol gelöst.

Fischpinsel – Pinsel aus Fischotterhaar.

Furnier – dünn aufgesägtes oder -geschnittenes Edelholz.

Gerbsäure – Tannin, in verschiedenen Hölzern enthalten (besonders Eiche).

Glutinleim – Gluten, Eiweißbestandteil im Getreide.

grundpolieren – die ersten Polierballen nach dem Einlassen („Strich neben Strich").

Gummigutt – Naturharz.

Hasenleim – Leim aus Kleintierabfällen.

Hochglanzpolish – silikonhaltiges Polish zum Entfernen letzter Ölreste.

Indigo – blauer Farbstoff indischer Pflanzen.

Intarsie – Einlegearbeit aus verschiedenen Furnierteilen.

Kali – Ätzmittel (Kalisalz).

Kasein – Eiweißstoff der Milch.

Kasseler Braun – Erdfarbenpigment.

Kaustisches Soda – Abbeizmittel (Ätznatron).

Kleesalz – organische Säure vieler Pflanzen (Oxalsäure); giftig!

Kolophonium – Naturharz.

Kopal – Naturharz.

Lasierung – offenporiger Holzanstrich.

Lasur – nicht deckende Farbschicht auf Öl-, Wasser- oder Alkoholbasis.

Leimfarbe – Farbpigmente in wäßriger Leimlösung.

Leinöl – Flachsöl.

Loth – alte Gewichtsangabe ($1/30$ Pfund).

Magnesium – Talk, Meerschaum.

Manilakopal – Naturharz.

Mastix – Naturharz.

Mattieren – Vorstufe zum Polieren.

Mattine – leichte Politur auf Kunstharz- oder Schellackbasis zum Mattieren.

mattpolieren – hochglanzpolierte Fläche mit Bimsmehl polieren.

Natriumhydroxid – Abbeizmittel (Kaustisches Soda oder Ätznatron).

Ocker – Erdfarbpigment (gelb).

Oxalsäure – organische Säure vieler Pflanzen (Kleesalz); giftig!

Paraffin – wachsähnliches, farbloses Gemisch unlöslicher gesättigter Kohlenwasserstoffe.

Patina – hier: natürliche Farbtonvertiefung durch äußere Einflüsse (eigentlich: Edelrost).

patinieren – mit einer Schicht überziehen (eigentlich Edelrost).

Perlmutt – glänzende Innenschicht von Perlmuschel- und Meeresschneckenschalen.

Persischer Wundbalsam – harzhaltiger Baumsaft.

Plakafarbe – Kaseinfarbe, s. Kasein.

Polierläuse – in der Sprache der Polierer: Staub- oder Dreckkörnchen auf der polierten Fläche.

Polieröl – Gleitöl (beim Deckpolieren).

Politur – Schellack, in Alkohol gelöst.

Porenfüller – feinste Bimsmehlpulver.

Pottasche – Kaliumkarbonat, Bleich- und Abbeizmittel.

Rhuslack – Naturharz.

Rokoko – Stilepoche (1730 bis 1770).

Salmiakgeist – Fett und Schmutz lösend (konzentriert: Ammoniak).

Sandarak – Naturharz.

Schellack – Naturharz.

Schlämmkreide – gereinigter Kalk.

Schleiföl – Öl zum Anfeuern der Maserung.

Sikkativ – Trockenstoff in Lacken.

Soda – Abbeizmittel (Natriumsalz).

Spanisch Weiß – Kreidepulver.

Spiritus – Äthylalkohol, zur Lösung von Naturharzen.

Stearin – Fettstoff.

Terpentin – Naturharz.

Terpentinöl – Öl aus dem Terpentinbalsam.

Tripel – feines Pulver aus tonhaltiger Kieselerde.

Umbra – Erdfarbpigment (braun).

Venezianisches Terpentin – Naturharz.

Wasserstoffperoxid – Bleichmittel.

Zellulose – Zellstoff, besonders in Holz und Baumwolle enthalten; zur Lackherstellung.

5. Kapitel: Polimentvergoldung

Aloe – Liliengewächs.

gravieren – Einschneiden von Verzierungen in eine Oberfläche.

Hasenleimlösung – Lösung aus Hasenleim in Wasser.

Karmin – roter Farbstoff aus der Koschenille-Laus.

Kreidegrund – Lösung aus Kreide in Leim.

Leimlösche – Lösung aus Leim in Wasser.

Leimpoliment – Leimlösung, mit Poliment vermischt.

Leimtränke – Lösung aus Leim in Wasser.

plattieren – mit Goldblech überziehen.

polieren – Glätten einer Oberfläche.
Spirituslack – Lösung aus Harz in Spiritus.
Stahlwolle – feines Schleifmittel.

6. Kapitel: Stilepochen

Akanthus – gezacktes Blattornament aus der Antike, vor allem im Barock.
Baluster – gebauchtes Säulchen.
Bandlwerk – geschwungenes, verflochtenes Bandornament.
Barock – Stilepoche (1600 bis 1730).
Bergère – Ohrensessel.
Biedermeier – Stilepoche (1815 bis 1846).
Bosse – erhabene Füllungen.
Boulle – französischer Ebeniste (1642 bis 1732).
Chaiselongue – Tagessofa (verlängerter Stuhl).
Chiffonière – Pfeilerkommode mit vielen Schubladen.
Chimäre – Ungeheuer der griechischen Sage.
Claire-obscure – Furniereinlegearbeit in Hell/Dunkel.
Duchesse – Sesselform im Rokoko.
Emblem – bildliche Darstellung mit Symbolgehalt.
Empire – Stilepoche (1799 bis 1815).
Etagère – Tisch mit mehreren Stellbrettern.
Feston – Gehänge aus Blättern, Blumen, Früchten (s. Girlande).
Flachschnitt – mit dem Messer ausgeschnittene Reliefverzierung.
Flammleiste – wellenartig geflammte Einfassungsleiste, vor allem im Barock.
Girlande – Blumengehänge (s. Feston).
Gueridon – hohes, rundes Tischchen.
Heraldik – Wappengestaltung.
Herme – Halbfigur, Decke oder Gebälk tragend.
Intarsien – Einlegearbeit in Furnier aus verschiedenen Furnierteilchen.

Kannelluren – senkrechte Säulenrillung.
Karyatide – weibliche Säulenfigur, Decke oder Gebälk tragend.
Knorpelornament – Ohrmuschelornament, Verzierung im Barock.
Konsoltisch – Wandtisch.
Lyra – Harfe, Leier.
Mäander – rechtwinklig gebrochenes Schmuckband.
Marketerie – bildförmig zusammengesetzte Furnierteile und holzfremde Materialien auf Blindholz.
Maßwerk (von: messen) – Ornament der Gotik aus Kreisen und Bogen.
Ornament – Schmuckmotiv.
Palmette – Pflanzenornament.
Pietra Dura – Steineinlegearbeit.
Pilaster – Wandpfeiler.
Poudreuse – Toilettentisch.
Regénce – Stilepoche (1715 bis 1723).
Renaissance – Stilepoche (1430 bis 1530).
Rocaille – Muschel.
Rokoko – Stilepoche (1730 bis 1770).
Scaliogla – Stuckmarmor.
Schapp – norddeutsche Bezeichnung für Schrank.
Schildpatt – Horn vom Panzer der Karett-schildkröte.
Sekretär – Schreibschrank mit Klappe.
Stollen – senkrechte Eckhölzer, in Beine übergehend; an Kommoden und Schränken.
Tabernakel – Aufsatzschreibschrank mit Mitteltür.
Triglyphen – Säulen.
Voluten – schneckenförmige Verzierung.
Wangen – Seitenwände bei Bänken und Tischgestellen.
Zarge – rahmenartige Einfassung bei Tischen und Stühlen.
Zopfstil – Stilepoche (1770 bis 1799).

Register

Bildnachweis

Bayerisches Landesamt für Denkmalpflege, München: Seite 47, Seite 49 unten.
Ernst Fesseler, Ravensburg: Seite 8.
Museen der Stadt Gotha, Schloß Friedenstein, Schloßmuseum: Seite 155.
Museum für Kunsthandwerk, Frankfurt: Seiten 148, 153, 157, 159, 165.
Museum für Lackkunst BASF Lacke und Farben AG, Köln: Seiten 99, 100, 101, 104, 106, 108/109.
Staatliche Museen Preußischer Kulturbesitz, Kunstgewerbemuseum, Berlin-Tiergarten: Seite 161 – Foto Saturia Linke; Seite 163 – Foto H. J. Bartsch.
Wittelsbacher Ausgleichsfonds, Inventarverwaltung, München: Seite 48, Seite 49 oben.
Alle anderen Fotos von Werner Kilian, Eltville.

Literatur

ADAM, HANS: Intarsien; Stuttgart 1978

ALCOUFFE, DANIEL: Möbel; Fribourg 1977

ANDES, LOUIS EDGAR: Praktisches Handbuch für Anstreicher und Lackierer; Leipzig 1922

ANDES, LOUIS EDGAR: Praktisches Handbuch für die gesamte Lack- und Farbenindustrie; Leipzig, 1916

AURO PFLANZENCHEMIE GMBH: Produktliste; Braunschweig 1988

BAUCHE, ULRICH: Landtischler, Tischlerwerk und Intarsienkunst in den Vierlanden. 1965

BASF FARBEN + FASERN AG: Ex Oriente Lux. Lackkunst aus Ostasien und Europa; Ludwigshafen 1979, und Ex Oriente Lux. European and Oriental Lacquer; London 1977

BEBLO, HANS: Die Intarsie und ihre Techniken; Augsburg 1958

BIELER, KARL: An der Hobelbank; Braunschweig 1954

BIETHAN, U.: Lacke – Lösemittel; 1979

BOUDRAIS, M.: Secrets d'Ateliers perdus et retrouves; Paris 1978

BUCHANAN, G.: Möbel-Restaurierung; Wiesbaden/Berlin 1988

CREUZBERG, H.: Die Lackierkunst in ihrem ganzen Umfang; 1921

DEBO, P.: Aus der Geschichte einer curieusen Kunst; Wiesbaden 1937

ENTWICKLUNGSGEMEINSCHAFT HOLZBAU: Informationsdienst Holz; München 1989

HEBING, CORNELIUS: Vergolden und Bronzieren; München 1956

HOLZHAUSEN, W.: Ein Handbuch für Sammler und Liebhaber der Lackkunst; Braunschweig 1959

KLEMM, F.: Geschichte der Technik; Hamburg 1983

KREISEL/HIMMELHEBER: Die Kunst des Deutschen Möbels; München 1970

KRAUTH, TH., MEYER, F. S.: Die gesamte Möbelschreinerei; Hannover 1890

KOSSATZ, GERT: Die Kunst der Intarsie; Dresden 1954

MEYER, FRANZ S.: Handbuch der Ornamentik; Leipzig 1927

RAGUE, B. V.: Geschichte der Japanischen Lackkunst; Berlin 1967

RAVENDAMM, W.: Die Holzschäden; 1974

SALVERTE, C. F. DE: Les Ebenistes du XVIII

SPANNAGEL, FRITZ: Der Möbelbau; Ravensburg 1945

STRÄSSER, E. M. H.: Lackkunst; Stuttgart 1988

STÖCKELS, H. F. A.: Praktisches Handbuch für Künstler, Lackierliebhaber und Oehlfarben; Nürnberg 1799

SCHWANKEL, A.: Welches Holz ist das; Stuttgart 1953

WAGNER, HANS: Taschenbuch der Farben- und Werkstoffkunde; Stuttgart 1945

WEIDMANN, HORST: Bilder selbst rahmen; Düsseldorf 1987

WEISSBRODT, A.: Wohnung und Gesundheit; Ausg. Mai 1983

WILDA, HERMANN: Das Holz; Leipzig 1909

ZWEIHORN: Handbuch der Holzoberflächenveredelung; Hilden 1989

© 1992 Ravensburger Buchverlag
Otto Maier GmbH
Alle Rechte vorbehalten
Umschlaggestaltung:
Ekkehard Drechsel BDG
Layout und Illustrationen:
Gerhard Wawra, Wiesbaden
Fotos (außer den im Bildnachweis genannten Quellen):
Werner Kilian, Eltville
Gesamtherstellung:
Appl, Wemding
Printed in Germany

95   4   3

ISBN 3-473-42543-5